Alexander Seibel

Relativitätstheorie und Bibel

EGFD

Verlag und
Schriftenmission
der Evangelischen Gesellschaft f. D.
5600 Wuppertal 11

ISBN 3 85666 001 1

TELOS-Taschenbuch Nr. 95

5. Auflage 1985

Quellenangabe zum Umschlagbild:
M 8 in »Sagittarius«. Aufnahme mit Newton-Teleskop von E. Alt, mit freundlicher Genehmigung des ASTRO-BILDERDIENSTES SAG Burgdorf
Papyrus P 52: Stücke aus Johannes 18, 31–33 und 37–38.
Mit freundlicher Genehmigung des Verlages Lebendiges Wort GmbH, Kelkheim/Taunus

Gesamtherstellung:
St.-Johannis-Druckerei C. Schweickhardt, 7630 Lahr-Dinglingen
Printed in Germany 21456/1985

Inhalt

Zum Geleit

Beim Lesen des Manuskriptes von meinem Freund Alexander Seibel „Relativitätstheorie und Bibel“ habe ich mich immer wieder über einen besonderen Punkt gefreut: Alexander Seibel hat einen einzigen Maßstab für sein Leben und Denken — Jesus Christus und sein Wort. Sein Maßstab ist auch ein absoluter Maßstab. Beim Lesen vieler Manuskripte heute, kann man sich oft des Verdachts nicht erwehren, daß die diesbezügliche Einstellung der Autoren doch nur eine halbe Sache ist, um die sie sich herumdrücken möchten, ohne sich zu sehr blamieren zu müssen. Sie hegen oft die Angst, daß wahrhaftige naturwissenschaftliche Erkenntnis eine ungebrochene Stellung zum Wort unmöglich macht. Man ist der Überzeugung, daß naturwissenschaftliche Redlichkeit sich mit wirklich christlicher Redlichkeit nicht deckt. Alexander Seibel hilft uns, dieses Mißverständnis wegzufegen. Daher auch die Kraft des Buches.

In „Relativitätstheorie und Bibel“ findet man manche naturwissenschaftliche und biblische Erkenntnis, die erfrischend neu ist. Die Basis der Kraft eines Lebens in Christus wird ganz klar für alle dargestellt. Beim Lesen des Buches erfährt man von neuem, wie es dazu kommt, daß „mein Wort Geist und Leben *ist*“.

A. E. Wilder Smith,
Einigen, den 13. 2. 1974

Kapitel I

Die Wirklichkeit und ihre Deutung

Einleitung

Zunächst soll hier dargelegt werden, warum dieser Titel gewählt wurde. Manch einer wird sich mit Recht fragen, was denn die Bibel mit der Relativitätstheorie zu tun habe. Aus diesem Grunde werden wir einen kleinen Ausflug in die Physik unternehmen müssen. Es wird versucht, die Erläuterungen möglichst einfach zu halten. Verwendet wird für diese Ausführungen in erster Linie Höflings Lehrbuch der Physik. In diesem Zusammenhang soll auch angedeutet werden, wie das physikalische Weltverständnis die Gottesvorstellung beeinflußte. Weniger bewanderte Leser brauchen nicht zu erschrecken. Die naturwissenschaftlichen Betrachtungen erstrecken sich primär auf das erste Kapitel.

Die klassische Physik

Im Rahmen der klassischen Physik glaubte man lange Zeit, die ganze Natur mechanistisch erklären zu können. Die Gesetze der Mechanik waren so überzeugende Beispiele exakter Naturgesetzlichkeit, und die dabei verwendeten Begriffe wie Raum, Zeit, Geschwindigkeit, Kraft usw. schienen auf den ersten Blick einen so hohen Grad von Anschaulichkeit zu besitzen, daß man der Mechanik eine Vorzugsstellung einräumte. Ein Naturvorgang galt als erklärt, und man meinte, ihn erst dann wirklich verstanden zu haben, wenn er auf mechanische Wirkungen zurückgeführt werden konnte. Begründet wurde die Mechanik von Galilei und Newton. Sie wurde zum großen Vorbild der Naturforschung, und die Gesetze der Mechanik nahmen eine Sonderstellung unter den Naturgesetzen ein. Ja, sie galten sogar in der damaligen Zeit als die Grundlage des gesamten Naturgeschehens.

Diese klassische Physik, wie sie auch genannt wird, beruhte auf den drei Grundpfeilern Stetigkeit, Objektivierbarkeit und als grundlegendstes, Kausalität. Letztgenannte und wichtigste Voraussetzung soll kurz erläutert werden. In der Schule wurde uns gelehrt, daß jeder Vorgang in der Natur durch ganz bestimmte Ursachen in gesetzmäßiger Weise bestimmt sei. Gleiche Ursachen rufen also stets gleiche Wirkungen hervor.

Dieses System der klassischen Physik ergab ein überzeugendes Bild innerer Harmonie und Geschlossenheit. Jede Einzelerscheinung in der Natur ließ sich aus wenigen allgemeinen Grundprinzipien und -gesetzen berechnen und in ihrem Ablauf bestimmen.

Der Laplacesche Dämon, die streng mechanistische Deutung

Ein solches Weltbild, das die gesamte bunte Wirklichkeit in Bewegungen und gegenseitige Beeinflussungen kleiner materieller Teilchen auflöst, die nach unabänderlichen Gesetzen erfolgen und in deren Verlauf es keine *Willkür* und keinen Zufall gibt, hat durch seine innere Geschlossenheit und Harmonie viele Menschen begeistert. Vergangenheit und Zukunft hatten völlig den Gesetzen der kausalen Determiniertheit zu gehorchen. Von naturwissenschaftlicher Seite haben diese Prinzipien eine besonders scharfe und eindrucksvolle Formulierung von P. S. Laplace erfahren, der ein Wesen in die Physik eingeführt hat, das heute oft — bemerkenswerterweise von den Physikern — als Laplacescher Dämon bezeichnet wird.

Dies bedeutet die Vorstellung, daß sich der gegenwärtige Zustand der Welt zwangsläufig aus dem vorhergehenden Zustand ergibt. Bei genügender Kenntnis der Einzelfakten ließe sich die Zukunft fehlerlos aus Vergangenheit und Gegenwart berechnen. Der Mensch ist in so einem Universum nur eine komplizierte, nach mechanischen Gesetzen ablaufende Maschine, deren Geschichte wie Einzelschicksal den unbeugsamen Prinzipien der Mechanik „gnadenlos“ unterworfen sind. Begriffe wie Liebe, Freiheit, Güte u. a. ergaben keinen richtigen Sinn mehr. Der Laplacesche Dämon ist der typische Repräsentant einer das gesamte Weltgeschehen beherrschenden unverbrüchlichen Kausalität. Das Gedankengebäude der klassischen Physik kennt nur eine strenge Determiniertheit.

Zusammengefaßt kann man sagen, daß eine konsequente mechanistische Deutung der Welt die Natur zu einem riesigen, seelenlosen Mechanismus macht, in dem freie Entscheidung, Verantwortung, Disziplin und schöpferisches Walten keinen Raum mehr finden. Die Bibel mit ihrer persönlichen Gottesoffenbarung stand im Gegensatz zu dieser Anschauung und wurde demzufolge als wissenschaftlich überholt abgetan. Gott hatte hier keinen Platz mehr. Dieses mechanistische Weltbild der klassischen Physik war von großer Kraft und Einheitlichkeit und hat über den Rahmen der Physik hinaus die geistige Entwicklung der vergangenen Jahrhunderte wesentlich beeinflußt. Obwohl längst überholt, prägt es auch heute noch das Denken der atheistischen, agnostischen sowie deistischen Welt.

Der Einfluß des mechanistischen Weltbildes

Der Atheismus und Materialismus der heutigen Zeit geht zum großen Teil auf die unwissenschaftlichen Voraussetzungen der klassischen Physik zurück, welche die Philosophen und Theologen aufgriffen. So erhob auch der Kommunismus den Anspruch, im höchsten Grade naturwissenschaftlich zu sein, indem er dem gesamten Universum eine mechanistische Deutung gab, die auch den Menschen in aller Konsequenz einschloß. Der Mensch wurde und wird auch dementsprechend behandelt.

Natürlich ist auch die moderne liberale Theologie, die sogenannte höhere kritische Schule, das Resultat dieses total veralteten Weltbildes. Bultmann war im völligen Einklang mit der damaligen wissenschaftlichen Vorstellung, als er die Bibel entmythologisierte. Wunder hatten in einem mechanistischen Universum wirklich keinen Platz mehr und mußten einfach als absurd gelten. Von dieser Vorstellung ist auch der moderne Mensch so geprägt, daß er oft von vornherein jede Gottesoffenbarung mißtrauisch betrachtet.

Es ist kein Zufall, daß zur Zeit der Hochblüte der klassischen Physik die moderne liberale Theologie entstand und sich durchzusetzen begann. Die Physik lieferte damals den intellektuellen „Nährboden“, auf dem diese Vorstellungen gedeihen konnten. Man meinte, mit der

Welt und ihren Ansichten konform gehen zu müssen. An die Bibel und ihre Berichte glaubte oft nur noch der Laie. Manch studierter Theologe wollte nicht so im augenscheinlichen Widerspruch zur damaligen Wissenschaft stehen, deren Prinzipien so viele begeisterten und überzeugten. Der Glaube an eine totale, volle Inspiration der Heiligen Schrift war offensichtlich eines Akademikers unwürdig. Dieser intellektuelle Stolz, der leider mehr und mehr um sich greift, ist oft die wahre Ursache einer bibelfeindlichen Haltung. Der Herr Jesus sagt dazu: „Wie könnt ihr glauben, die ihr Ehre voneinander nehmet? Aber die Ehre, die von dem alleinigen Gott ist, suchet ihr nicht“ (Joh. 5, 44). Tatsächlich, wer die volle Inspiration der Heiligen Schrift vertritt, macht sich gewöhnlich nicht sehr beliebt. Heute wahrscheinlich noch weniger als damals.

Es bildeten sich jedenfalls diese theologischen Auswüchse, in deren Rahmen jedermann nach Belieben philosophisch spekulieren konnte, und es entstand jene schlimme Saat, deren gottlose Frucht vor unseren Augen auszureifen beginnt. Man mißachtete vielerorts den Rat des Wortes Gottes im 1. Korintherbrief — er enthält Gemeinderegeln —, der vor allem in den ersten zwei Kapiteln warnt, sich nicht auf die Weisheit dieser Welt zu gründen. Durch die vermeintliche naturwissenschaftliche Umdeutung der Bibel wurde man erst recht unwissenschaftlich, wie wir später noch sehen werden.

„Weil sie, Gott kennend, ihn weder als Gott verherrlichten, noch ihm Dank darbrachten, sondern in ihren Überlegungen in Torheit verfielen und ihr unverständiges Herz verfinstert wurde , indem sie sich für weise ausgaben, sind sie zu Narren geworden“ (Röm. 1, 21. 22). Bultmanns Theorien gründen sich auf längst überholte physikalische Vorstellungen. „Der Herr kennt die Gedanken der Weisen, daß sie eitel sind“ (1. Kor. 3, 20).

Die Zerstörung des mechanistischen Weltbildes

Ein allumfassendes Kausalitätsprinzip, auch heute noch zum großen Teil bewußt oder unbewußt akzeptiert und verteidigt, muß die Bibel zerstören. Beide konnten nicht gleichzeitig stimmen. Interessanterweise wurde das Kausalitätsprinzip von der Physik selbst entthront. Die mechanistische Deutung der Naturvorgänge fand beim Licht ihre Grenze. Völlige Loslösung von den Begriffen der klassischen Physik brachten die Relativitätstheorie und die Quantentheorie. Auch verlangt die Mikrophysik den Verzicht auf Begriffe und Vorstellungen, die man vorher für selbstverständlich gehalten und als die Grundpfeiler der klassischen Physik betrachtet hatte. So versagt z. B. eine kausale Bestimmung für den Zerfall eines Atoms bei radioaktiven Elementen.

Ich zitiere nun wörtlich aus dem bereits erwähnten Physikbuch[1]: „Das radioaktive Zerfallsgesetz lehrt, daß von einer vorgelegten Radiummenge nach 1622 Jahren gerade die Hälfte zerfallen ist und daß nach weiteren 1622 Jahren von dem Rest wieder die Hälfte zerfällt und so fort. Es läßt sich hieraus berechnen, daß in einer Sekunde eines von 72,6 Milliarden Radiumatomen zerfällt und daß die durchschnittliche Lebensdauer eines Radiumatoms vom gegenwärtigen Augenblick bis zum Zerfall 2340 Jahre beträgt. Wir haben gesehen, daß das radioaktive Zerfallsgesetz sich wie jedes andere physikalische Gesetz auch in die präzise Form einer mathematischen Gleichung bringen läßt. Trotzdem stellt es gegenüber den Gesetzen der klassischen Physik etwas völlig Neuartiges dar. Wenn man nämlich hiernach feststellen will, wann ein bestimmtes Radiumatom zerfällt, so erweist sich dies als unmöglich; es läßt sich nicht sagen, ob dieses Atom schon in der nächsten Sekunde oder erst nach Jahren zerfällt.

Es ist den Physikern bis heute nicht gelungen, eine Ursache anzugeben, die für das verschiedene Verhalten der Radiumatome in bezug auf den Zerfall verantwortlich gemacht werden kann. Die experimentelle Erfahrung zeigt, daß der radioaktive Zerfall weder durch hohe oder tiefe Temperaturen, noch durch Drücke, elektrische Felder oder andere äußere Einwirkungen gesteuert werden kann. Alle bekannten physikalischen Einflüsse scheiden daher als Ursache für die verschiedene Lebensdauer der Radiumatome aus. Wenn äußere Einflüsse hierfür nicht maßgebend sein können, so bleibt noch die Möglichkeit, daß die Ursache für die Verschiedenheit des Zerfalls im Innern der Atome zu suchen ist, indem diese etwas gealtert sind und dabei Veränderungen erfahren haben, die wir bisher nicht kennen. Aber auch diese Möglichkeit scheidet aus. Eine strenge mathematische Beweisführung, auf die wir hier nicht eingehen können, hat gezeigt, daß innere Ursachen für das oben geschilderte unterschiedliche Verhalten der Radiumatome nicht vorhanden sein können.

Da hiernach weder äußere noch innere Ursachen für den Zerfall der radioaktiven Atome angegeben werden können, hat man den Schluß gezogen, daß der Zerfall des einzelnen Atoms keine Ursache hat, sondern zufällig erfolgt. Für jedes Radiumatom ist zwar eine allgemeine Neigung zum Zerfall gemäß dem statistischen Zerfallsgesetz gegeben, aber innerhalb des dann noch verbleibenden Spielraums liegt eine kausale Bestimmung für den Zerfall des einzelnen Atoms nicht vor.

Diese und ähnliche Beobachtungen aus dem Bereich der Mikrophysik haben dazu geführt, hier allgemein von einer *Auflockerung* des *Kausalzusammenhanges* zu sprechen. So wie die Relativitätstheorie gezeigt hat, daß die klassischen Begriffe von Raum und Zeit nur für einen gewissen Bereich mittlerer Größenordnungen mit genügender Annäherung verwendet werden können, so erweist sich der klassische Begriff der Kausalität ebenfalls in seiner Anwendbarkeit auf einen *bestimmten* Bereich der Wirklichkeit begrenzt. In der Mikrophysik kann nach dem derzeitigen Stand unseres Wissens ein kausaler Zusammenhang nach dem Vorbild der klassischen Physik nicht vorhanden sein. Der Laplacesche Dämon hätte hier also entgegen der früheren Überzeugung keine Möglichkeit zur Vorausberechnung künftiger Ereignisse. Diese Wandlung in der grundsätzlichen Auffassung ist sehr tiefgreifend und zieht für unser Weltbild wesentliche Folgerungen nach sich. Insbesondere wird hiermit der früher behandelten mechanistischen Weltbetrachtung für den Bereich der Mikrophysik der Boden entzogen. Da nun weiter die Möglichkeit besteht, daß mikrophysikalische Einzelvorgänge mit ihren Wirkungen auch im Bereich der Makrophysik in Erscheinung treten, ist die lückenlose *Determiniertheit* aller Ereignisse auch hier keineswegs so sicher, wie man dies im Rahmen der klassischen Physik geglaubt hat."

Die von Heisenberg 1927 formulierte *Unbestimmtheitsrelation*, für die er 1931 den Nobelpreis erhielt, setzte den mathematischen Schlußstrich unter die klassischen Vorstellungen der Physik. Statt des Kausalitätsprinzips kennt man heute die von Bohr formulierte Komplementarität. Sie ist das weltanschaulich wichtigste Ergebnis der Quantenphysik. Es liegt hier eine vollkommen neuartige naturwissenschaftliche Denkform vor, die von dem Denken der klassischen Physik völlig verschieden ist und deren umfassende Auswirkungen sich auf viele Grundfragen der Naturerkenntnis erstrecken.

Es ist von weitreichendster Bedeutung, daß dieses Prinzip der Komplementarität auch in der Bibel erkennbar ist. Ja, in gewisser Weise beruht sogar die Heilige Schrift darauf. So zeigt z. B. die Überschneidung von sichtbarer und unsichtbarer Welt eine komplementäre Beziehung. Innerhalb unserer Betrachtung ist jedoch für diesen hochinteressanten Sachverhalt kein Platz. Diese Komplementarität erklärt viele sogenannte Widersprüche der Bibel in höchst verblüffender Weise.

Zum Abschluß noch ein Zitat Heisenbergs, das den völlig neuen Sachverhalt in tieferem Umfange kurz aufzeigt[2]: „Die Atome oder die Elementarteilchen sind nicht ebenso wirklich wie die Atomvorgänge. Sie bilden eher eine Welt von Tendenzen oder Möglichkeiten als eine von Dingen und Tatsachen." Die so unverbrüchlich erscheinenden Naturgesetze zeigen sich im Lichte der modernen Physik auf einmal nur noch als die Summe statistischer Wahrscheinlichkeiten. Wunder haben also, wenn es so formuliert werden darf, in diesem Universum wiederum ihren „statistischen" Platz. Arthur Koestler[3] meint, daß Heisenberg in die Geschichte als der Mann eingehen werde, der die kausale Determiniertheit in der Physik zum Einsturz brachte.

Leser, die mit Ausdrücken wie Unbestimmtheitsrelation oder Komplementarität nichts anfangen können, bzw.

sogar verwirrt werden, brauchen nicht zu erschrecken. Diese Begriffe sind für das Verständnis der weiteren Ausführungen nicht erforderlich. Es wurde die historisch physikalische Betrachtung nur deshalb hier ausführlicher vorgenommen, um die unbegründeten Voraussetzungen des modernen Menschen, der in seiner Ablehnung gegenüber Gott leider noch immer sehr stark vom Denken der klassischen Physik her beeinflußt ist, aufzuzeigen.

Paul Müller schreibt[4]: „Über den Ausspruch von Laplace, er brauche die Hypothese Gottes als Schöpfer nicht mehr, sagt Pascual Jordan, darin drückte sich der *geistige Stolz* eines Zeitalters aus, das im Triumph menschlicher Vernunft die Lösung aller Daseinsfragen zu sehen glaubte. Unserem heutigen Denken sei diese Vorstellungswelt *altmodisch* geworden."

Altmodische in diesem Sinne wie geistig stolze Menschen gibt es heute jedenfalls genug.

Die Relativitätstheorie

1905 formulierte Einstein seine spezielle Relativitätstheorie. U. a. wurde ausgesagt, daß es keinen absolut starren Körper in strengem Sinne gibt und die Länge der wirklichen Körper von ihrer Geschwindigkeit abhängt. Je schneller z. B. ein Maßstab bewegt wird, desto mehr verkürzt er sich. Analoges gilt auch für die Zeit. Der Gang einer Uhr beispielsweise hängt von der Geschwindigkeit ab. Je schneller also die Uhr bewegt wird, desto langsamer läuft sie, verstreicht sozusagen die Zeit. Bei Lichtgeschwindigkeit, die ein Körper mit Ruhemasse allerdings nicht erreichen kann*, kommt sie überhaupt zum absoluten Stillstand. An einem einfachen Beispiel demonstriert, heißt dies: Wenn ich im Auto mit einer Geschwindigkeit von 100 km/h fahre, so verkürzt sich die Länge des Wagens, und der Zeiger meiner Armbanduhr bewegt sich langsamer; bei solchen Geschwindigkeiten allerdings in Größenordnungen, die auch mit genauesten Instrumenten unmöglich zu messen sind.

Meßbar werden diese Veränderungen erst, wenn man sich der Geschwindigkeit des Lichtes nähert. Wir zitieren hier ein Beispiel des Physikers Pascual Jordan, das die erwähnten Absonderlichkeiten sehr gut illustriert[5]. „Man denke sich, daß ein Raumschiff von der Erde aus in den Weltraum hineinfährt mit einer ungeheuren Geschwindigkeit, fast gleich derjenigen des Lichtes. Dann kann es — die Fahrgeschwindigkeit muß nur groß genug (nämlich 0,05 ‰ weniger als die Lichtgeschwindigkeit) sein — passieren, daß die Besatzung nach einjähriger Fahrt zur Erde zurückkehrt: Ihre im Raumschiff mitgenommenen Uhren haben gerade die Zeit von einem Jahre abgemessen, ihre für ein Jahr mitgenommenen Lebensmittel sind gerade verbraucht, und ihre Haare sind gerade so viel grauer geworden, wie man das nach den Strapazen einer einjährigen Weltraumreise erwarten muß. Aber auf der Erde angekommen, findet die Besatzung, daß dort inzwischen die Menschheit um 100 Jahre älter geworden ist."

Weiter sagt Pascual Jordan: „Das sind sehr merkwürdige Behauptungen, und unser vom Gewohnten allzu schwer loskommendes Denken ist zunächst leicht ge-

* Das Problem der Tachyonen soll hier nicht angeschnitten werden.

neigt, hierin einen vollkommenen Widerspruch zu sehen. Aber das ist ein Vorurteil: (Man beachte diese Formulierung eines Physikers.) Alle diese Behauptungen bilden ein in sich geschlossenes und widerspruchsfreies, logisches System, und zwar ein System, das nicht der Phantasie entstammt, sondern sich auf die unumstößlichen Tatsachen experimenteller Erfahrung gründet."

Newton meinte noch in seinem Hauptwerk „Philosophiae naturalis principia mathematica", daß es einen absoluten Raum und eine absolute Zeit gäbe. Ein Universum, das solche Absoluta enthält, wie es die klassische Physik noch annahm, kann einem tatsächlich zum Gottesersatz werden. Für viele Menschen ist das rein Materielle auch wirklich zum Götzen geworden. Der Kommunismus z. B. verewigt die Materie. Diese Absoluta sind heute längst zusammengestürzt.

Es soll hier nicht die Relativitätstheorie belegt oder bewiesen werden. Dennoch möchte ich das bereits erwähnte Lehrbuch der Physik noch einmal zu Wort kommen lassen[6]: „Wir haben gesehen, daß eine konsequente Verfolgung der von Einstein entwickelten Vorstellungen zu Ereignissen führt, die erheblich von unserem gewohnten Denken abweichen und zunächst widersinnig erscheinen. Wir müssen uns aber an solche Umgestaltung unseres naturwissenschaftlichen Denk- und Vorstellungsvermögens gewöhnen, weil die Relativitätstheorie sich auf unumstößliche Tatsachen experimenteller Erfahrung gründet. Die Natur richtet sich eben nicht nach unseren Denkgewohnheiten, sondern wir müssen unsere Vorstellungen der Natur anpassen. Es ist oft nicht leicht, sich von der gewohnten menschlichen Anschauung zu lösen, und wir können deshalb in der

Schule diesen Schritt nur zu einem kleinen Teil vollziehen. Eine gründliche Kritik der vorliegenden Erfahrungen zeigt immer wieder, daß die menschliche Anschauung sehr begrenzt ist und leicht in die *Irre* führt.“

Metanoia, das griechische Wort für Buße oder Umdenken

Man beachte diese Aussagen eines Lehrbuchs der Physik. Wenn dies nun für meßbare und sichtbare Realitäten zutrifft, wieviel mehr gilt das für unsichtbare Wirklichkeiten! Als der Herr Jesus einmal mit einem Intellektuellen sprach, erklärte er ihm: „Glaubet ihr nicht, wenn ich euch von irdischen Dingen sage, wie werdet ihr glauben, wenn ich euch von den himmlischen Dingen sagen werde?“ (Joh. 3, 12).

Die Natur richtet sich eben nicht nach unseren Denkgewohnheiten, wurde oben zitiert. Gott noch viel weniger. Er paßt in keines unserer Denkschemen. „Denn meine Gedanken sind nicht eure Gedanken, und eure Wege sind nicht meine Wege, spricht der Herr, sondern so viel der Himmel höher ist als die Erde, so sind meine Wege höher als eure Wege und meine Gedanken als eure Gedanken“ (Jes. 55, 8. 9).

Bezeichnenderweise schrieb Heisenberg[7]: „Schon der bloße Versuch, von den Elementarteilchen ein Bild zu entwerfen und von ihnen in bildlichen Begriffen zu denken, bedeutet, sie total falsch zu interpretieren.“ Die modernen Physiker scheinen dem zweiten Gebot zu gehorchen: „Du sollst dir kein Bildnis machen“ — weder von Göttern noch Protonen, meint Arthur Koestler[8].

Wenn schon die bildliche Interpretation von Elementarteilchen zu hoffnungslosem Scheitern verurteilt ist, wie sinnlos erst der Versuch, den lebendigen Gott in unsere Vorstellungswelt zu zwängen, nachdem wir schon bei den sichtbaren Realitäten kapitulieren müssen. Es muß einfach zu völlig falschen Begriffen führen. Das zweite Gebot erhält durch die moderne Physik eine ausgesprochene wissenschaftliche Dimension, wenn man dies so formulieren darf.

Wenn Gott sich nicht in seinem Wort, der Heiligen Schrift, offenbart hätte, gäbe es bestenfalls Zerrbilder von ihm. Auch diese Arbeit ist nur möglich, weil wir in der Bibel die Selbstoffenbarung Gottes besitzen. Interessanterweise haben die Menschen gerade zu dem Thema Gott und Jesus Christus eine Serie von Argumenten parat, und man ist von seinen eigenen Interpretationen überzeugt. Wir sollten erkennen, wie gerade dies in eine totale Sackgasse führen muß. Ein Theologiestudium, das sich nicht auf die Autorität der Bibel gründet, liefert folglich bestenfalls die Kombinationsmöglichkeiten für noch absonderlichere exegetische Entartungen.

So wie durch Projektion vorgeprägter Vorstellungen auf die Natur ein völlig falsches Weltbild entstanden ist, so erhalten in ähnlicher Weise die meisten Menschen ein totales verzerrtes Gottesbild. „Weil die Welt durch ihre Weisheit Gott in seiner Weisheit nicht erkannte, gefiel es Gott wohl, durch törichte Predigt zu retten, die daran glauben“ (1. Kor. 1, 21). Diese Aussage erscheint nun in einem völlig neuen Licht. Sie zeigt aber auch den Weg, Gott zu erfahren.

In diesem Sinne ist es interessant, daß das griechische Wort für Buße wörtlich „Umdenken“ heißt. In dem erwähnten Lehrbuch der Physik wurden wir aufgefordert, unsere Vorstellungen der Natur anzupassen. Unsere Vorstellungen nun den Gedanken Gottes, der Bibel, anzupassen, wäre am allermeisten angebracht und ebenso zwingend logisch. Wir können Gott nicht erfassen, wie uns die Naturwissenschaft praktisch schon bestätigt, wie uns auch der Vers aus dem Korintherbrief wenig schmeichelhaft mitteilt, Gott aber uns, wenn wir umdenken lernen.

Es ist höchste Zeit — es sei hier ungeschminkt gesagt —, daß wir Buße tun, gerade auch intellektuell gemeint, daß wir zur Heiligen Schrift zurückkehren, sonst verlaufen wir uns hoffnungslos in unseren eigenen theologischen Phantasien und Modellvorstellungen. Die Physik verlangt heute eine intellektuelle Neuausrichtung. Der lebendige Gott fordert eine Kehrtwendung der ganzen Person[9]. Es ist mein Gebet, daß dieses Buch dazu beitragen möge, daß Menschen diese Kehrtwendung, diese Buße hin zu Gott erfahren oder neu vornehmen mögen.

Das Weltbild der modernen Physik

Die moderne Physik eröffnet nun eine höchst bizarre Welt, in der die offensichtlich sonderbarsten Dinge gang und gäbe sind. So behauptet der amerikanische Nobelpreisträger Richard Feynmann, daß die Positronen nichts anderes als Elektronen seien, die, für eine gewisse Dauer, sich in der Zeit rückwärtsbewegen. Sie bewegen sich also nicht wie wir in die Zukunft, sondern in die Vergangenheit. Gerade für unsere Betrachtung ist diese Formulierung besonders bemerkenswert. Feynmann erhielt für diese Zeitumkehr-Theorie 1956 den Nobelpreis. Hans Reichenbach, der Philosoph der Wissenschaft, nannte dies[10]: „Den empfindlichsten Schlag, den der Begriff Zeit in der Physik jemals erhalten habe."

Robert Lucas schreibt in seiner Stellungnahme zu Arthur Koestlers Buch „Wurzeln des Zufalls"[11]: „Aber was, bitte sehr, ist denn von den Naturgesetzen der klassischen Physik übriggeblieben, seitdem ihr die Physiker dieses Jahrhunderts praktisch den Garaus gemacht haben? Selbst das Rutherford-Bohrsche Atommodell, dieses Sonnensystem en miniature, auf das unsere Väter so stolz waren, gehört heute zum physikalischen Trödlerkram. In seinem Buch scheint Koestler eine teuflische Freude dabei zu empfinden, der Absurdität der parapsychologischen Phänomene die scheinbar noch größere Absurdität des physikalischen Weltbildes seit Planck, Einstein und Heisenberg gegenüberzustellen. Es ist eine völlig surrealistische Welt, in der der Raum gekrümmt ist und Masse und Energie nur verschiedene Erscheinungsformen ein und desselben Dings sind, in der alle Materie praktisch aus leerem Raum besteht und in der sich die über hundert wissenschaftlich mehr oder weniger definierten subatomaren Elementarteilchen in einer höchst kuriosen Weise benehmen; sie sind anscheinend, wie Sir William Bragg es sarkastisch ausdrückte, am Montag, Mittwoch und Freitag Wellen und am Dienstag, Donnerstag und Sonnabend Partikel. Das ‚Neutrino' getaufte Teilchen hat keine Masse, keine elektrische Ladung, kein magnetisches Feld und auch sonst praktisch keine physikalischen Eigenschaften und fliegt mit der Geschwindigkeit des Lichtes durch jede solide Masse ... In dieser bizarren subatomaren Welt hat das Gesetz der Kausalität *keine Geltung.*"

Es überrascht somit nicht zu hören, daß die Elite der

heutigen Naturwissenschaft längst wieder an Gott gläubig geworden ist. 80% der russischen Naturwissenschaftler sollen laut Dr. Otto Habsburg an einen persönlichen Gott glauben. Die beim Durchschnittsmenschen modern gewordene Ablehnung Gottes beruht auf Hochmut und doktrinärer Voreingenommenheit, die nicht nur in sich selber unwissenschaftlich ist, sondern in ihrer Berufung auf die sogenannte Wissenschaft völlig ohne Fundament dasteht. Zu Recht konnte der Physiker und Astronom Stanley Eddington behaupten[12]: „Die moderne Physik führt uns notwendig zu Gott hin, nicht von ihm fort. — *Keiner* der Erfinder des Atheismus war Naturwissenschaftler. Alle waren sie sehr mittelmäßige Philosophen."

So schrieb der englische Physiker Sir James Jeans im Hinblick auf die gründliche Demolierung des mechanistischen Weltbildes des 19. Jahrhunderts[13]: „Es herrscht heute im großen Maße die Übereinstimmung, welche auf der physikalischen Seite der Wissenschaft beinahe Einmütigkeit erreicht, daß der Strom der Erkenntnis zu einer nichtmechanischen Realität hinführt; *das Universum beginnt eher einem großen Gedanken zu gleichen als einer großen Maschine.*"

Halten wir die von Sir James Jeans gemachte Aussage besonders fest: „Das Universum beginnt eher einem großen *Gedanken* zu gleichen als einer großen Maschine." Mit diesem Zitat wollen wir nun in das eigentliche biblische Hauptthema einsteigen.

Kapitel II

Der persönliche Gott der Bibel

Die räumliche und zeitliche Allgegenwart Gottes

Die Erkenntnisse der Relativitätstheorie haben gezeigt, nun allgemein formuliert, daß Raum und Zeit miteinander verwoben und keine unabhängigen absoluten Größen sind. Man kann es auch so ausdrücken: Ohne Raum gibt es keine Zeit, und ohne Zeit gibt es keinen Raum. Zeit ist eine Eigenschaft der Materie. Man spricht auch heute demzufolge von unserem Universum als einem Raum-Zeit-Kontinuum und deutet damit die Untrennbarkeit dieser beiden Dimensionen an.

Dies hat nun unerhört weittragende Folgen. Gott sagt von sich: „Bin ich nur ein Gott, der nahe ist, spricht der Herr, und nicht auch ein Gott, der ferne ist? Meinst du, daß sich jemand so heimlich verbergen könne, daß ich ihn nicht sehe? spricht der Herr. Bin ich es nicht, der Himmel und Erde erfüllt? spricht der Herr“ (Jer. 23, 23. 24).

Hier erklärt Gott, dieses Universum zu erfüllen, und zwar zunächst rein räumlich. Da wir es mit einem Raum-Zeit-Kontinuum zu tun haben, sollte damit die räumliche Allgegenwart Gottes, und dies gehört zu seiner Definition, auch eine zeitliche Allgegenwart beinhalten. Ein Gott, der überall im Raum ist, muß folglich auch überall in der Zeit sein. Wenn er räumlich nicht begrenzt werden kann, so ist dies auch zeitlich nicht möglich. Wenn der Gott der Bibel der wahre

Schöpfer dieses Universums ist, dann trägt er sozusagen die räumliche und zeitliche Koordinate in sich. „Es besteht alles in ihm“ (Kol. 1, 17).

In Offenbarung 1, 17 sagt der Herr Jesus: „Ich bin der Erste und der Letzte.“ Betrachten wir diese Aussagen als Begriffe der räumlichen Dimension, so muß sich daraus sofort eine ebenso absolute zeitliche Koordinate ergeben. Wir lesen auch in Kapitel 21, Vers 6 desselben Buches von dem lebendigen Gott: „Ich bin der Anfang und das Ende.“

Hier wird das Wesentliche eigentlich schon ausgesagt, und es ist wichtig, daß wir dies verstehen. Die Absoluta von Raum und Zeit sind nicht in den sichtbaren Wirklichkeiten zu finden, sondern in einer Person, Jesus Christus.

Jesus Christus, der persönliche Logos

Das kursiv gedruckte Zitat von Sir James Jeans ist uns sicher noch in Erinnerung. Das Universum gleicht einem großen Gedanken. Diese Aussage erinnert an den ersten Vers des Johannesevangeliums. Es heißt dort: „Im Anfang war das Wort, und das Wort war bei Gott, und Gott war das Wort.“ Im Griechischen steht Logos für den mit „Wort“ wiedergegebenen Begriff. Logos bedeutet in der Originalsprache auch Sinn und Gedanke. Und hier treffen sich offensichtlich Bibel und Physik. Dieser Logos ist Jesus.

Die Heilige Schrift bezeugt an mehreren Stellen[1], daß alles durch Jesus Christus und für ihn besteht, ja, daß alles durch ihn geschaffen worden ist. Was der Physiker bereits erahnt, offenbart Gottes Wort direkt. In der Kraft seines Wortes, wie es der Hebräerbrief sagt[2], trägt der unendliche Logos dieses Universum. „Dynamis“ steht im Griechischen für Kraft, und tatsächlich besteht unser Weltall aus Energie. Der physikalische Unterschied zwischen Kraft und Energie durch die Größenart Länge oder Weg ist unberücksichtigt gelassen. Weizsäcker spricht von drei Wirklichkeiten, welche unser Weltall ausmachen[3]: „Materie, Energie und Information. Letzten Endes wird sich Materie als Energie und Energie als Information erweisen.“ Materie stellt eine besondere Form der Energie dar, und die Physiker neigen mehr und mehr zu der Ansicht, daß Energie eine besondere Form der Information ist. Information bedeutet aber auch Intelligenz, Gedanke, Logos. Hier schließt sich in erstaunlicher Weise der Kreis. Hinter allem physikalisch Erfaßbaren steht die unsichtbare Intelligenz Gottes, der Logos, Jesus Christus.

Da Jesus Christus heilig und gerecht ist, leben wir somit in einem moralischen Universum. Diese Feststellung wird sicherlich von einigen mit wenig Gegenliebe zur Kenntnis genommen, aber es muß hier dennoch ausgesagt werden: Weil dieses Weltall den Charakter Gottes reflektiert, bedeutet jede Sünde Auflehnung gegen die Struktur dieses Universums und hat dementsprechende Folgen. Man kann es mit Dr. Francis Schaeffer ausdrücken: „Jeder Nichtchrist lebt in einem Universum, das es eigentlich nicht gibt.“ Menschen ohne Jesus Christus sind ohne den absoluten Logos, sind unlogisch in der engsten Bedeutung des Wortes. Für viele Psychiater ist dies nichts Neues, denn die Behauptung, „alle Menschen seien unlogisch“, wurde von Siegmund Freud selber aufgestellt. Allerdings hat die Bibel diese Feststellung schon ein paar Jahrtausende vorher getroffen, wie man bei Jesaja[4] nachlesen kann.

Heiligkeit und Gerechtigkeit sind persönliche Eigenschaften. Wir wollen nun die Projektion eines persönlichen Gottes in unser Universum vornehmen. Wir dürfen und können diesen Schritt wagen, da wir die Bibel haben und Jesus, das personifizierte Wort, zu uns kam. Zur Warnung soll ein berühmter Vers aus dem Römerbrief vorangestellt werden. „Sie wußten, daß ein Gott ist, und haben ihn nicht gepriesen als einen Gott noch ihm gedankt, sondern haben ihre Gedanken dem Nichtigen zugewandt, und ihr unverständiges Herz ist verfinstert. Da sie sich für weise hielten, sind sie zu Narren geworden und haben verwandelt die Herrlichkeit des unvergänglichen Gottes in ein Bild gleich dem eines vergänglichen Menschen und der Vögel und der vierfüßigen und kriechenden Tiere" (1, 21—23).

Hier wird das Grundprinzip aller Religionen offenbart. Man projiziert seine eigenen Vorstellungen auf Gott, man macht sich ein Bild von ihm. Die Folgen sind dementsprechend, wie wir schon im sichtbaren Gegenstück der Physik erkennen konnten. So haben z. B. unsere liberalen Theologen die Herrlichkeit Christi in das Bild eines vergänglichen Menschen, in eine Art humanes Vorbild verwandelt. Dies resultiert letztlich nur in total falschen Interpretationen und befindet sich auf gleicher Ebene mit dem Geist, welcher Tiere und andere Götzen als Gott verehrt.

Doch nun zur Person Gottes selber. Sir James Jeans schreibt[5]: „Die modernen naturwissenschaftlichen Theorien zwingen uns zu der Vorstellung eines Schöpfers, der außerhalb von *Raum* und *Zeit* arbeitet, ebenso wie der Künstler sich außerhalb seiner Leinwand befindet."

Wir haben nun einen Gott offenbart, der laut Bibel, wie oben erläutert, jenseits von Raum und Zeit ist. Wiederum sind es die Physiker, die diesen Sachverhalt erkennen. Für den Schöpfer des Universums gibt es folglich nicht Dimensionen, die wir mit Begriffen wie Vergangenheit, Gegenwart und Zukunft benennen. Für ihn muß konsequenterweise ein ewiges „So Sein" existieren, falls wir dies überhaupt so formulieren dürfen und können.

Betrachten wir nun den Namen, mit dem sich der lebendige Gott den Menschen offenbart. Vor Mose gibt Gott sich den Namen *Jahwe*. Das heißt: „Ich bin, der ich bin." Für einen räumlich alles erfüllenden Schöpfer ist jeder Punkt im Raum „Hier". Ebenso muß für einen zeitlich allgegenwärtigen Gott in diesem Sinne jeder Punkt in der Zeit „Jetzt" bedeuten. Ähnlich sagt der Herr Jesus: „Ehe denn Abraham ward, bin ich" (Joh. 8, 58). Diese Formulierung ist grammatikalisch höchst sonderbar, doch im Sinne unserer Überlegungen verblüffend logisch und konsequent. Für alle, die in Jesus nur einen großen Menschen sehen wollen, ist diese Aussage ein Ärgernis. Sie war es auch für sein Volk, wie die im nächsten Vers geschilderte Reaktion beweist (Joh. 5, 39): „Ihr suchet in der Schrift; denn ihr meinet, ihr habt das ewige Leben darin; und sie ist es, die von mir zeuget." Im Gegensatz zu unseren Denkgewohnheiten wird hier offensichtlich auf zeitliche Dimensionen keine Rücksicht mehr genommen. Die Behauptung Johannes des Täufers von Jesus: „Dieser ist's, von dem ich gesagt habe: Nach mir kommt ein Mann, welcher vor mir gewesen ist, denn er war eher als ich" (Joh. 1, 30), liegt offensichtlich auf gleicher Ebene.

Am Rande sei hier noch vermerkt: Da wir als begrenzte

Geschöpfe einen Anfang haben, wird oft in naiver Weise die gleiche Frage auf Gott projiziert: „Woher kommt Gott?“ Man erkennt vielleicht jetzt, warum die Dimension Gottes eine solche Frage erübrigt. Begriffe wie Anfang und Ende usw. gibt es nur für unser sichtbares Raum-Zeit-Kontinuum. Gott ist der ewige *„Ich bin“*, der alles erfüllt. Da *„Ich bin“* auch die kürzeste Definition einer Person ist, leben wir somit nicht in einem toten oder mechanischen, sondern in einem persönlichen Universum. Dies hat weitreichende Folgerungen.

Die Ewigkeit, das Leben, der Sinn usw., die unvergänglichen Größen, nach denen unser Herz manchmal fragt und sich sehnt, haben ihren letzten Bezug folglich in diesem *„Ich bin“*. Die Wahrheit ist dementsprechend kein System, keine Philosophie, keine Religion oder Kirche, sondern wie die Bibel richtig lehrt, eine Person[6]. Wir werden somit einmal alle, ob wir wollen oder nicht, mit einer persönlichen und gleichzeitig absoluten Wahrheit, nämlich Jesus Christus, konfrontiert[7] werden.

Unsere Errettung kann ebenfalls nur in dieser Person liegen, und in völliger Übereinstimmung damit steht geschrieben: „Wer den Sohn hat, der hat das Leben; wer den Sohn Gottes nicht hat, der hat das Leben nicht“ (1. Joh. 5, 12). Auch unsere Rechtfertigung kann bei einem vollkommenen, moralischen Standard wiederum nur in dieser Person sein[8]. Vielleicht wird diese Tatsache am eindrucksvollsten durch das Pauluswort zum Ausdruck gebracht: „So gibt es nun keine Verdammnis mehr für die, die in Christus Jesus sind“ (Röm. 8, 1).

Im vorliegenden Buch werden Begriffe wie absolut, unendlich, vollkommen, heilig, gerecht, ewig u. a. gleichgesetzt. Es wird also eine Verquickung von objektiven, man könnte sagen, physikalischen Eigenschaften wie absolut und unendlich mit persönlichen Eigenschaften vorgenommen.

Die Struktur dieses Universums hat zur Folge, daß man sich Gott nur persönlich nahen kann. Das Gegenteil davon ist der Versuch, Gott mittels Tradition, Zeremoniell oder Ritual zu erreichen, also einfach unpersönlich. Folglich muß die Bibel als Offenbarung des wahrhaftigen Gottes, der dem Charakter seines Weltalls nicht widersprechen kann, gerade davor warnen, wenn sie in sich selber logisch sein will. Der Herr Jesus selbst sagt: „Dies Volk ehrt mich mit seinen Lippen (unpersönlich), aber ihr Herz (persönlich) ist ferne von mir; vergeblich dienen sie mir, weil sie lehren solche Lehren, die nichts als Menschengebote sind“ (Matth. 15, 7—9). Das Wort „vergeblich“ hat hier fast physikalischen Charakter. Auch der größte Zeremonienaufwand vermag unser Universum nicht zu ändern. Es ist unmöglich, jemand ohne oder gegen seinen Willen zum Christen zu machen. Es widerspräche der ganzen Struktur des Weltalls.

Um der Wahrheit willen muß ich dies so direkt sagen, auch wenn sich mancher daran stört: Könnte man z. B. nur einen einzigen Menschen durch das Zeremoniell einer Kindertaufe, d. h. Säuglingsbesprengung, wirklich zum Christen machen, hätte Gott sich widersprochen und müßte abdanken. In einem persönlichen Universum ist eine derartige Christianisierung rein strukturmäßig unmöglich. Meiner Ansicht nach sind dies alles Grundwahrheiten, die zu akzeptieren uns nur unsere religiöse Erziehung und Vergangenheit hindern. Folglich gibt es leider im sogenannten christlichen Abendland viele getaufte Heiden, wenige aber, die sich Jesus Christus echt persönlich ausgeliefert haben. Das Neue Testament wird man jedenfalls vergeblich nach solch universellen Widersprüchen durchsuchen. Wir dürfen uns aber nicht wundern, wenn immer mehr Menschen Gott ablehnen und meinen, in einem toten Universum zu leben. Man hat sie schon zu Beginn mechanisch zu christianisieren versucht. Man erntet letztlich nur eine Frucht, deren Same im kirchlichen Gewand selber gesät worden ist und wird.

Das Licht „persönlich“ interpretiert

Zum Abschluß, ohne es dogmatisch formulieren zu wollen, möchte ich dennoch eine interessante Parallele aufzeigen. Es soll eine noch stärkere Kombination moralischer und physikalischer Begriffe vorgenommen werden, und zwar für das Phänomen Licht. An ihm scheiterte bekanntlich die mechanistische Interpretation des Universums. Jesus erklärt nun, das Licht der Welt zu sein[9]. In diesem Zusammenhang ist erwähnenswert — bewußt wird hier einiges wiederholt —, was die Relativitätstheorie uns gelehrt hat: Die Zeit kommt bei Lichtgeschwindigkeit zum Stillstand. Wir haben bereits gesehen, wie die Formulierung: „Ehe denn Abraham ward, bin ich“ gerade dies verblüffend genau zum Ausdruck bringt. Diese Aussage, so könnte man paradoxerweise sagen, erscheint somit in einem völlig neuen Licht.

Viele Aussagen Jesu mit moralischem Absolutheitsanspruch sind mit *„Ich bin“* eingeleitet. So beispielsweise: „Ich bin das Brot des Lebens“ (Joh. 6, 35). So wie nun Einstein das Gesetz von der Konstanz der Lichtgeschwindigkeit formuliert hat und wir in der Physik hier eine absolute Bezugsgröße haben, die sich nie ändert, so stellt der lebendige Gott nun auf moralisch unsichtbarem Gebiet jene ewige Konstanz und ebenso absolute Bezugsgröße dar. Die Bibel offenbart einen Gott, der sich, völlig im Gegensatz zu uns, nicht ändert, nie ändern kann. „Ich, der Herr, ändere mich nicht" (Mal. 3, 6).

An anderer Stelle steht geschrieben: „Von dem Vater des Lichts, bei welchem keine Veränderung des Lichts ist, noch ein Schatten, infolge von Wechsel" (Jak. 1, 17). Von Jesus wird Ähnliches ausgesagt[10]. Wir meinen in vielen Dingen den moralischen Standpunkt ändern zu müssen, jedoch der Herr sagt klar von sich: „Auch bis in euer Alter bin ich derselbe" (Jes. 46, 4). Alles andere wäre auch sinnlos. Ein Gott, der sich ändert, ist kein Gott.

Kapitel III

Der persönliche Gott, zeitlich allgegenwärtig offenbart

Zeigt die Bibel Gottes zeitliche Allgegenwart?

Die bereits oben gefolgerte zeitliche Allgegenwart Gottes hat nun gewisse Konsequenzen. Es ist verblüffend zu sehen, wie die Bibel in jeder Hinsicht gerade diesen Gott offenbart, ja geradezu in der Art ihrer Offenbarung diesen lebendigen Gott beweist. Die räumlich wie zeitlich absolute Koordinate, bestehend in der Person Jesu Christi, wurde bereits zu Beginn erwähnt. Gehen wir nun Schritt für Schritt durch die einzelnen Folgerungen, die sich daraus ergeben.

Die Einmaligkeit der Heiligen Schrift

Die Bibel ist das einzige Buch, welches die Geschichte der Menschheit vom Anfang bis zum Ende aufzeigt. In einer gewaltigen Schau von Genesis bis Offenbarung zeichnet sie den Weg des menschlichen Geschlechts.

Weiterhin zeigt die Heilige Schrift eine völlig einheitliche Botschaft. Sie wurde allerdings über einen Zeitraum von rund 1600 Jahren von mehr als 40 verschiedenen Autoren geschrieben. Sie waren somit nicht nur rein zeitlich, sondern zum Teil auch räumlich, nämlich von Ägypten bis Babylon, voneinander getrennt. Auch zeigen die menschlichen Verfasser die größte Mannigfaltigkeit: Staatsmänner, Priester, Geschichtsschreiber,

Schriftgelehrte, ein Arzt, ungeschulte Fischer und ein Zollbeamter. Dennoch offenbart die Bibel eine wunderbare Einheit in ihrer Verkündigung, ihrer Lehre, ihrem Heilsplan und auch in ihrem Aufbau. Wie ist dies möglich?

Würden wir z. B. die medizinischen Veröffentlichungen der letzten 500 Jahre, geschweige denn 1600 Jahre, hernehmen und in einem Buch zusammenfassen, es wäre ein heilloses Chaos, angefüllt mit den ärgsten Widersprüchen. Wir erkennen: Der wahre, unsichtbare Autor hinter den sichtbaren Werkzeugen, die als Schreiber dienten, ist erhaben über Raum und Zeit. Der Koran oder das Buch Mormon z. B. wurden in einem Zuge geschrieben, bzw. diktiert. Der Initiator der Heiligen Schrift aber vermag über Jahrtausende hinweg sich einheitlich zu offenbaren, obwohl die Autoren so verschiedene Menschen wie Salomon, einen König, oder Amos, einen Viehhirten, umfassen. Somit ergibt sich hier die erste logische Bestätigung des oben erwähnten Anspruches Gottes, das A und O, der Erste und der Letzte zu sein.

Das 2. Gebot

In unserer physikalischen Betrachtung wurde ausführlich dargelegt, weshalb Vorstellungen von Gott ein ziemlich unwissenschaftliches Unterfangen sind. Schon in der Physik hat die Modellvorstellung, wie bereits dargelegt wurde, oft zu falschen Schlüssen geführt, wenn nämlich die Modelle ihres Anschauungscharakters entkleidet, zur Wirklichkeit selbst erhoben worden sind. Gott muß daher in logischer Konsequenz jedes Bild von ihm verbieten. Dieser lebendige Gott kann mit nichts verglichen werden, und es überrascht uns somit nicht, daß wir tatsächlich als eines der häufigsten Gebote im Alten Testament die Warnung finden, sich ja kein Abbild zu machen. Entgegen aller herkömmlichen Vorstellung sagt der lebendige Gott: „Wem wollt ihr mich nachbilden, und mit wem vergleicht ihr mich? An wem meßt ihr mich, daß ich ihm gleich sein soll? Sie schütten das Gold aus dem Beutel und wiegen das Silber mit der Waage dar und dingen den Goldschmied, daß er einen Gott daraus mache, vor dem sie knien und anbeten. Sie heben ihn auf die Schultern und tragen ihn und setzen ihn nieder an seine Stätte, daß er stehe und nicht von seinem Ort rücke“ (Jes. 46, 5—7).

Man beachte den ersten Vers: „Wem wollt ihr mich nachbilden?“ Nach allem bisher Gesagten ist diese Frage rein naturwissenschaftlich mehr als berechtigt. Dennoch zeigen alle Religionen, außer dem Islam, im Gegensatz zur Offenbarung der Bibel, einen riesigen Götzen- und Bilderdienst, über den sich die Heilige Schrift in oft beißenden Worten lustig macht[1].

Die Bibel würde sich in ihrer ganzen strukturmäßigen Offenbarung des lebendigen Gottes total widersprechen, wenn sie irgendwelche Bilder duldete. Greifen wir noch eine Warnung heraus: „Wenn ihr nun Kinder zeugt und Kindeskinder und im Lande wohnt und versündigt euch und macht euch Bildnisse von irgendeiner Gestalt, so daß ihr übeltut vor dem Herrn, eurem Gott, und ihn erzürnet, so rufe ich heute Himmel und Erde zu Zeugen über euch, daß ihr bald weggerafft werdet aus dem Lande, in das ihr geht über den Jordan, um es einzunehmen. Ihr werdet nicht lange darin bleiben, sondern werdet vertilgt werden. Und der Herr wird euch zerstreuen unter die Völker, und es wird von euch nur eine geringe Zahl übrigbleiben unter den Heiden, zu denen euch der Herr wegführen wird" (5. Mose 4, 25 bis 27).

Es wird hier also die rein unsichtbare Realität des moralischen Gebotes Gottes mit Ereignissen des sichtbaren Raum-Zeitgeschehens verbunden. Drastisch beweist uns die Geschichte, daß der Herr sein Wort tatsächlich wahrgemacht hat. An dem Volk Israel zeigt der lebendige Gott, daß er zwar sehr geduldig und langmütig ist, jedoch kein leeres Wort geredet hat. Er sagt es selbst: „Und du sollst zur Schmach, zum Hohn, zur *Warnung* und zum Entsetzen werden für alle Völker" (Hes. 5, 15).

In diesem Zusammenhang ist es erwähnenswert, wie ein kurzer Blick in unsere religiöse Welt zeigt, daß dieses Gebot gründlich mißachtet worden ist. Man hat es sogar aus den Zehn Geboten offiziell gestrichen[2]. Natürlich haben unsere Schriftgelehrten ihre vagen Entschuldigungen und Erklärungen. Es muß jedoch gesagt werden, daß nicht wir mit unseren Ausflüchten das letzte Wort haben werden, sondern der lebendige Gott. In 5. Mose 4, 23. 24 können wir nachlesen, wie der Herr unsere Entschuldigungen und theologischen Interpretationen zur Kenntnis nehmen wird. Wir legen heute sehr viel Wert auf Wissenschaft und Fortschritt. Wenn wir schon Gott nicht gehorchen wollen, dann laßt uns wenigstens in diesem Sinne fortschrittlich sein und mit dem Bilderkram ein Ende machen.

Gibt es echte Prophetie?

Wir kommen nun zum stärksten Argument für die göttliche Inspiration der Heiligen Schrift. Wenn dieser

Gott tatsächlich zeitlich überall ist, so kann er die Zukunft offenbaren. In dem oben zitierten Vers wurden bereits künftige Ereignisse kurz beleuchtet. Tatsächlich hat der unendliche Gott seinen Ratschluß in der Bibel offenbart. Ereignisse, die er in Raum und Zeit umspannt, in unsere Dimension projiziert, ergeben in einigen Fällen für uns begrenzte Geschöpfe echte Prophetie.

Die Bibel ist nun das einzige Buch, das detaillierte Voraussagen enthält, und zwar in einem Maße, daß alle Zweifel ausgeschlossen sind. Interessant ist die Formulierung im Propheten Jesaja: „Sie sollen herzutreten und uns verkündigen, was kommen wird. Verkündet es doch, was früher geweissagt wurde, damit wir darauf achten! Oder laßt uns hören, was kommen wird, damit wir merken, daß es eintrifft! Verkündigt uns, was hernach kommen wird, damit wir erkennen, daß ihr Götter seid“ (41, 22. 23).

Hier wird also die Fähigkeit, die Zukunft vorauszusagen, als Beweis der Göttlichkeit angegeben. Wenn es daher echte Prophetie gibt, so muß es logischerweise Intelligenz und Persönlichkeit außerhalb von uns Menschen geben. Genau das lehrt nun die Heilige Schrift, und sie bleibt uns den Beweis auch nicht schuldig. So kann Jesaja z. B. in seiner gewaltigen Schau des leidenden Messias von einem Ereignis in der Vergangenheitsform reden, das dennoch für ihn Jahrhunderte in der Zukunft liegt. „Er trug unsere Krankheit“ (53, 4).

Wenden wir uns zum Propheten Micha. Der Prophet lebte im 8. Jahrhundert vor Christi Geburt. Mit ihm steigen wir in das Abenteuer der prophetischen Schau ein. Wir überfliegen sozusagen im Zeitraffertempo die

Jahrtausende. „Zur selben Zeit, spricht der Herr, will ich die Lahmen sammeln und die Verstoßenen zusammenbringen und die ich geplagt habe. Und ich will den Lahmen geben, daß sie viele Erben haben, und ich will die Verstoßenen zum großen Volk machen. Und der Herr wird König über sie sein auf dem Berge Zion von nun an bis in Ewigkeit. Und du, Turm der Herde, du Feste der Tochter Zion, zu dir wird kommen und wiederkehren die frühere Herrschaft, das Königtum der Tochter Jerusalem" (4, 6—8). Der Prophet spricht von den Segnungen des Millenniums.

„Warum schreist du denn jetzt so laut? Ist kein König bei dir? Und sind deine Ratgeber alle hinweg, daß dich die Wehen erfassen wie eine in Kindsnöten?" Der 9. Vers bringt uns in die Verhältnisse der damaligen Zeit zurück. „Leide doch solche Wehen und stöhne, du Tochter Zion, wie eine in Kindsnöten; denn du mußt zwar zur Stadt hinaus und auf dem Felde wohnen und nach Babel kommen. Aber von dort wirst du wieder errettet werden, dort wird dich der Herr erlösen von deinen Feinden." Vers 10 führt uns in die Epoche des babylonischen Exils, das 587 v. Chr. über das Südreich Juda hereinbrach. Im selben Vers spricht der Prophet auch von der Rückkehr aus dieser Gefangenschaft, eine Rückkehr, die 537 v. Chr. mit dem Erlaß des Cyrus begann. „Nun aber werden sich viele Heiden wider dich zusammenrotten und sprechen: Sie ist dahingegeben; wir wollen auf Zion herabsehen!" Der 11. Vers wirft uns jetzt die Jahrtausende voraus. Unter anderem begann eine mögliche Teilerfüllung am 5. Juni 1967.

Siebenfache Übermacht bedrohte Israels Grenzen. Man meinte, das Ende des Judenstaates sei gekommen. „Aber sie wissen des Herrn Gedanken nicht und kennen seinen

Ratschlag nicht, daß er sie zusammengebracht hat wie Garben auf der Tenne. Darum mache dich auf und drisch, du Tochter Zion! Denn ich will dir eiserne Hörner und eherne Klauen machen, und du sollst viele Völker zermalmen und ihr Gut dem Herrn weihen und ihre Habe dem Herrscher der ganzen Welt." Der 12. Vers jedoch setzt das „Aber" Gottes, seinen Ratschluß gegen menschliche Vorstellungen, Pläne und Wünsche. Wir kennen die Ereignisse. Die Verse 12 und 13 schildern sie kurz und prägnant. Man beachte auch in diesem Zusammenhang den Vers 11 von Kapitel 7: „Es kommt der Tag, da werden deine Mauern gebaut werden, da wird weit werden deine Grenze."

„Aber nun zerraufe und zerkratze dich, denn man wird uns belagern und den Richter Israels mit der Rute auf die Backe schlagen." Der 14. Vers holt uns in unserer Zeitrafferskala wieder Jahrtausende zurück. Wir haben vor uns das Jahr 70 n. Chr. Titus' Truppen belagern Jerusalem. In der Stadt stritten sich die Juden untereinander. Johannes Gischala, der Zelot, Simon bar Giora und Eleazar befehdeten sich gegenseitig. Die nächste Zeile zeigt uns, warum es keinen Frieden geben konnte. Jahrzehnte vorher, etwa 32 n. Chr., wurde der Richter Israels, Jesus, bei seiner Verurteilung mit der Rute auf die Backe geschlagen[3]. Man lehnte den Friedefürst ab, und es kamen Krieg, Not und Entsetzen. Wo man Jesus ins Angesicht schlägt, ihn ablehnt, gibt es auf lange Sicht keinen Frieden mehr.

„Und du, Bethlehem Ephrata, die du klein bist unter den Städten in Juda, aus dir soll mir der kommen, der in Israel Herr sei, dessen Ausgang von Anfang und von Ewigkeit her gewesen ist." Kapitel 5, Vers 1 enthält die berühmte Prophetie von der Geburt Jesu in Bethlehem. Es ist das Jahr 7 v. Chr., wie interessanterweise die Astronomen herausgefunden haben[4]. Der Stern von Bethlehem war eine einmalige Konstellation von Jupiter und Saturn im Sternbild der Fische. Vom 14. zum 15. September 7 v. Chr. hatten die beiden Planeten einen gemeinsamen Abendaufgang von nur 1° Längenunterschied, der sich in dieser Form nur alle 854 Jahre wiederholt.

Man beachte die Formulierung im zweiten Teil dieses ersten Verses. Jemand, der von Anfang an, seit Ewigkeit existiert, tritt in Bethlehem in das Raum-Zeitgeschehen ein. „Indes läßt er sie plagen bis auf die Zeit, daß die, welche gebären soll, geboren hat. Da wird dann der Rest seiner Brüder wiederkommen zu den Kindern Israel." Vers 2 spricht von der Trübsal und Sammlung des Volkes Israel, spielt also schon in unsere Gegenwart hinein. „Er aber wird auftreten und weiden in der Kraft des Herrn und in der Macht des Namens des Herrn, seines Gottes. Und sie werden sicher wohnen; denn er wird zur selben Zeit herrlich werden, so weit die Welt ist. Und er wird der Friede sein." Dieser dritte Vers redet von der Wiederkunft Christi; ein zukünftiges Ereignis also, welches in das Millennium einmündet. Wo Jesus herrscht, ist Friede, wie der Beginn des nächsten Verses zeigt und jeder erfahren hat, der Jesus in seinem Herzen wirklich regieren läßt.

In etwa zehn Versen wurden fast drei Jahrtausende durchlaufen. Es ist wirklich ein gewaltiger Gott, der sich in seinem Wort offenbart. Vielleicht ist noch eine interessante Parallele erwähnenswert. So wie das Raum-Zeit-Kontinuum, allerdings nach einigen Modellvorstellungen nur, in sich gekrümmt, geschlossen sein könnte, so wurde auch hier ein Zirkel durchlaufen. Er begann mit dem Friedensreich des Messias und schließt damit auch ab. Dieser Gott ist wahrlich der Anfang und das Ende.

Jene Verse aus dem Buche des Propheten Micha wurden herausgegriffen wegen ihrer Komprimiertheit in der Schilderung des Geschehnisablaufes. Gottes Wort enthält allerdings noch ganz andere und unerhört detaillierte Prophezeiungen. Stoner, der ehemalige Leiter des mathematischen Instituts von Pasadena, berechnete sozusagen die „Erfüllungsprobabilität" einiger prophetischer Passagen bei minimaler Ausgangswahrscheinlichkeit[5].

Eine der erstaunlichsten Weissagungen findet sich beim Propheten Hesekiel im 26. Kapitel über die Zerstörung der Stadt Tyrus. Die zufällige Erfüllung von nur sieben Ereignissen, insgesamt werden mindestens 10 Einzelheiten berichtet, entspricht einer Wahrscheinlichkeit von 1 : 75 Millionen. Ebenso ergeben neun detaillierte Voraussagungen über die Zerstörung Babylons im 13. Kapitel des Buches Jesaja den Wert 1 : 5 Milliarden.

Das Alte Testament enthält von 39 Büchern allein 17 mit prophetischem Inhalt, abgesehen von großen prophetischen Passagen bei vielen anderen Autoren. Man kann also mit René Pache sagen[6]: „Es wäre leicht gewesen, menschliche Weissagungen von diesem Ausmaß als fehlerhaft bloßzustellen. Hingegen ist es recht bedeutsam, daß nie eine biblische Weissagung durch die Tatsachen widerlegt worden ist."

Die messianische Prophetie

Das gewaltigste prophetische Zeugnis aber sind die Weissagungen über den kommenden Messias im Alten Testament. Es gibt mehr als 300. Dies ist das größte Wunder der Literaturgeschichte. Ohne das Resultat zu kennen, malten die einzelnen Männer Gottes an diesem prophetischen Gemälde, das sich auf Anhieb zu widersprechen schien. Jemand sollte einen schmachvollen Tod erleiden[7] und dennoch in Herrlichkeit auferstehen[8]; verworfen[9] und dennoch bewundert werden[10]; in den Staub erniedrigt[11] und dennoch erhöht werden[12]; von einem Menschen[13] und auch von Gott geboren[14], Mensch[15] und gleichzeitig Gott[16], König[17] und gleichzeitig Knecht[18] sein.

Wie ist so etwas möglich? Jesus entschlüsselt dieses sich scheinbar widersprechende Zeugnis der Prophetie in wunderbarer Weise. Mit ihm als Zentrum ergibt sich das phantastischste Gemälde prophetischer Schau bereits im Alten Testament bis in alle Details, in einer Einmaligkeit und Gewalt, die als wahren Schöpfer den lebendigen Gott erkennen lassen. Die Wahrscheinlichkeit, daß nur 48 von diesen mehr als 300 Prophezeiungen sich zufällig erfüllt haben, ist nach Stoner $1 : 10^{157}$. Dies ist eine unvorstellbar große Zahl. Soll doch unser Universum „bloß“ 10^{80} Protonen enthalten. Das Kommen des Messias ist das bestbewiesene Ereignis in der Geschichte der Menschheit. Zu Recht kann Jesus sagen: „Wer aus der Wahrheit ist, der hört meine Stimme“ (Joh. 18, 37).

Die prophetische Schau in persönlicher Sicht

Ein zeitlich allgegenwärtiger Gott muß mich schon gekannt haben, ehe ich überhaupt existierte. Dies klingt im ersten Augenblick höchst sonderbar. Wir sind einfach nicht gewohnt, Ewigkeitsbezüge in unserer vergänglich ausgerichteten Bewußtseinswelt zu akzeptieren. Bei genauer Überlegung aber ist dies völlig einleuchtend. Gott weiß z. B. bis in alle Details, was morgen geschehen, wer geboren und wer sterben wird. Ein ewiger Gott muß sich auch in diesem Sinne offenbaren. Finden wir es in der Bibel bestätigt? In diesem Buch, das von sich behauptet, die Offenbarung des einen wahrhaftigen Gottes zu sein?

Der Herr sagt zu Jeremia: „Ich kannte dich, ehe ich dich im Mutterleib bereitete" (1, 5). Er offenbart in dieser Berufung seinen zeitlosen Charakter. Auch das vieldiskutierte Problem der Vorherbestimmung zeigt sich in diesem Sinne eigentlich mehr als ein Vorherwissen und Vorherkennen als ein Determiniertsein. Deswegen kann Paulus auch schreiben: „Denn in ihm (Jesus) hat er uns erwählt, ehe der Welt Grund gelegt war, daß wir sollten heilig und unsträflich sein vor ihm" (Eph. 1, 4). Die Ewigkeit des Berufers verbindet sich hier mit seinem Vollkommenheitsanspruch auf moralischem Gebiet. Dementsprechend heißt es an einer anderen Stelle: „In gleicher Erkenntnis der seligmachenden Wahrheit, in der Hoffnung auf das ewige Leben, welches vor den Zeiten der Welt verheißen hat Gott, der nicht lügen kann" (Tit. 1, 2). Auch hier ist die zeitliche mit der moralischen Ewigkeit, sprich Heiligkeit, Gottes verflochten. Ehe überhaupt etwas existierte, das diesem sichtbaren Universum angehört, kannte uns Gott.

Im völligen Einklang mit dieser Erkenntnis schrieb David einen höchst verblüffenden Psalm: „Herr, du erforschest mich und kennest mich. Ich sitze oder stehe auf, so weißt du es; du verstehst meine Gedanken von ferne. Ich gehe oder liege, so bist du um mich und siehst alle meine Wege. Denn siehe, es ist kein Wort auf meiner Zunge, das du, Herr, nicht schon wüßtest. Von allen Seiten umgibst du mich und hältst deine Hand über mir. Diese Erkenntnis ist mir zu wunderbar und zu hoch, ich kann sie nicht begreifen" (139, 1—6). Zu Beginn des Psalms verrät uns somit David, daß er sich der Gegenwart des Herrn bewußt ist. In den folgenden Versen zeigt er, wie weit dieses von Gott Erkanntsein tatsächlich geht. Vers 2 bis 4 beschreibt in erstaunlichen Details überwiegend die zeitliche, Vers 5 die räumliche Allgegenwart Gottes.

Diese Erkenntnis ist letztlich jenseits seiner Vernunft, wie er uns im 6. Vers bekennt. David spricht davon, daß er diese Erkenntnis nicht begreifen kann. Eigentlich ein Widerspruch, doch die Erkenntnis Gottes ist höher als alle Vernunft. Auch ist letztlich unser Universum, das uns die moderne Physik offenbart, das wir zum Teil mit Formeln beschreiben können, eigentlich schon jenseits unserer Begriffswelt und Vorstellungskraft. Koestler sprach sogar von der Absurdität des physikalischen Weltbildes, ein Universum, das ohne den Bezugspunkt des persönlichen Gottes tatsächlich absurd werden muß, jedoch in ihm höchste Ordnung bedeutet.

Wie hieß es doch bei Sir James Jeans? „Das Universum beginnt eher einem großen Gedanken zu gleichen als einer großen Maschine." Wie heißt es bei David? „Aber wie schwer sind für mich, Gott, deine Gedanken! Wie ist ihre Summe so groß! Wollte ich sie zählen, so wären sie mehr als der Sand: Am Ende bin ich noch immer bei dir" (139, 17. 18). Der Psalmist formuliert es mit seinen Begriffen in ähnlicher, nur gottbewußterer Form.

Aber betrachten wir noch einen verblüffenderen Vers dieses Gedichtes Davids: „Deine Augen sahen mich, als ich noch nicht bereitet war, und alle Tage waren in dein Buch geschrieben, die noch werden sollten und von denen keiner da war" (139, 16). Hierzu gibt es kaum noch etwas zu sagen. Dies ist in völliger Übereinstimmung mit dem oben Gesagten und vollkommen richtig formuliert. Wir erkennen hier schon, wie wir später noch sehen werden, daß einfach alles registriert ist. Alles, auch unsere geheimsten Gedanken, sind ewig festgehalten.

Noch einige Perspektiven bezüglich Weltgeschichte und Prophetie

Im 11. Kapitel des Propheten Daniel zeigt der Herr, wie auch historisch bis ins Detail alles in Gottes Buch geschrieben ist. Gott bleibt uns sozusagen den Beweis in der Geschichte nicht schuldig. Die Einzelheiten dieser Diadochenkämpfe sind derart verblüffend und exakt, daß sich die liberale Theologie nicht anders zu helfen wußte, als die Entstehungszeit dieses Abschnitts in das Jahr 165 v. Chr. zu verlegen. Daniel selbst lebte im sechsten Jahrhundert vor Christi Geburt. Der natürliche Mensch kann sich solche prophetischen Details einfach nicht vorstellen. So sagt es selbst Gottes Wort: „Der natürliche Mensch aber nimmt nicht an, was vom Geiste Gottes ist; denn es ist ihm eine *Torheit,* und er kann es nicht verstehen, weil es geistlich beurteilt werden muß“ (1. Kor. 2, 14). Wer aber diesen unendlichen Gott persönlich erfahren hat, kann gerade vom naturwissenschaftlichen Standpunkt her keine Schwierigkeit oder gar Widersprüche in solch offenbarter Fülle sehen.

Es ist einleuchtend: Je mehr sich dieser Gott in seiner einmaligen Persönlichkeit und Unvergleichlichkeit offenbart, je zwingender er die Beweise legt, desto intensivere Entschuldigungen und Ausflüchte hat der Gott ablehnende Mensch, desto mehr muß sich sein Wille dagegen sträuben. Zur Zeit Christi war es die Elite der Religiösen, die Priester und Schriftgelehrten, die Jesus, die Gott ablehnten. Wenn man sich die Exzesse der liberalen Theologie vergegenwärtigt, muß man erkennen, daß sich in dieser Hinsicht im Laufe der Jahrtausende nichts geändert hat. Die Religiösen, Priester und Schriftgelehrten sind ihrer Rolle verblüffend treu geblieben[19].

Gott hat also alles ständig vor Augen. So heißt es einmal buchstäblich: „Denn welche er zuvor e r s e h e n hat, die hat er auch verordnet ... (Röm. 8, 29). Ich möchte es hier nicht dogmatisch behaupten, aber vielleicht ist auch die Stelle in Offenbarung 1, 10 so zu verstehen. Die wörtliche Elberfelder Übersetzung lautet: „Ich war an des Herrn Tage im Geist, und ...“ Als der Tag des Herrn wird immer wieder die Wiederkunft Christi bezeichnet[20]. Es wäre durchaus möglich, daß dies hier gemeint ist. Gott führte Johannes sozusagen im Geist in seine Dimension, und er ließ die Ereignisse, die für ihn schon seit Ewigkeit existierten, einfach vor des Apostels Augen fast wie einen Film abspielen. Johannes sagt wiederholt: „Ich sah.“ Dem Raum-Zeit-Kontinuum entrückt, er wird in die Gegenwart Gottes gebracht[21], sieht er die zukünftigen Ereignisse, überschaut er aus der Dimension Gottes heraus buchstäblich die Jahrtausende.

Eine persönliche Konsequenz

Der Herr Jesus betont mehrmals, daß wir uns nicht fürchten und sorgen sollen[22]. Es ist eigentlich völlig einleuchtend. Gott hat z. B. den Ablauf des morgigen Tages vollkommen vor sich. Wenn ich mein Leben nun total einer Person anvertraue, welche die Zukunft genau kennt und das Beste für mich geplant hat, und dies trifft nun für Gott zu, so ist Sorge eigentlich sinnlos und unlogisch. Dies besagt nun nicht, daß es nie Probleme oder Krisen gibt. Wir lesen davon auch im Leben der Apostel[23]. Doch es soll hier letztlich das Grundprinzip aufgezeigt werden.

Sorge, Furcht, Grübelei entspringen nun einmal dem Getrenntsein von Gott. Je mehr ich mich von Gott loslöse, desto größer wird die Unsicherheit, die Angst. Angst ist ein Kriterium unserer Zeit geworden. Der Tod wird eine schwarze, furchtbare Wand. Gerade diese Todesangst hat Jesus besiegt, gerade diese nachtschwarze Wand hat er durchschlagen[24]. Das völlige Verbundensein mit dem absoluten Gott muß einen dementsprechenden Frieden schaffen, und auch dies bestätigt uns Gottes Wort[25]. Wir erkennen einfach, daß es das Sinnvollste ist, sich von Gott leiten zu lassen, da nur er die Zukunft kennt. So wir in seinem Wort sein Antlitz täglich suchen[26], kann er uns richtig führen, im voraus uns die Wege offenbaren, Wege, die nur er überblicken kann. Tatsächlich, klug und selig ist der Mensch, der auf Gottes Wegen wandelt[27].

Kapitel IV

Der persönliche Gott in seiner moralischen Absolutheit

Die Ewigkeit der unsichtbaren Wirklichkeiten

Die nun dargelegten Folgerungen sind von höchst persönlicher und für uns Menschen von letztlicher, totaler Konsequenz. Wir haben bereits erwähnt, daß wir in einem moralisch absoluten Universum leben. Die Unendlichkeit Gottes entspricht auf dieser Ebene seiner Heiligkeit, seine Ewigkeit wird hier zur Vollkommenheit. Dies hat nun für rebellierende Geschöpfe höchst tragische Konsequenzen.

Nehmen wir an, ich hätte in meinem ganzen Leben nur einmal gesündigt. Sagen wir, vor vielen Jahren einmal gelogen. Nun, ich habe es längst vergessen. Gottes zeitliche Allgegenwart bewirkt jedoch, daß die Sünde ständig, ja ewig vor ihm besteht. Die moralische, raumzeitliche Absolutheit Gottes zwingt zu folgenden Überlegungen: Für uns vergängliche, zeitgebundene Ereignisse werden in der unsichtbaren Dimension Gottes zu Ewigkeiten. Die vergänglichen Abläufe dieser sichtbaren Welt entsprechen Ewigkeiten in der unsichtbaren Welt. Lehrt dies die Bibel? Sie muß es lehren, wenn sie ihren moralischen, fast ist man geneigt zu sagen, naturwissenschaftlichen Vollkommenheitsanspruch aufrechterhalten will.

Im 2. Korintherbrief, Kapitel 4, Vers 18 heißt es: „... die wir nicht sehen auf das Sichtbare, sondern auf das Unsichtbare. Denn was sichtbar ist, das ist zeitlich; was aber unsichtbar ist, das ist ewig.“

Dem entspricht auch, daß die wahre Kirche nicht ein sichtbares Gebäude oder eine sichtbare Organisation, sondern der unsichtbare Leib Jesu Christi ist[1]. Ebenfalls damit im Einklang ist die Tatsache, daß laut Epheserbrief[2] die Aufgabe der Gemeinde primär in der unsichtbaren und nicht in der sichtbaren Welt liegt.

„Was sichtbar ist, das ist zeitlich“, schreibt der Apostel. Diese Aussage ist physikalisch völlig einwandfrei. Das Sichtbare, also das Geschaffene, die Materie, ist mit der Zeit verwoben, ist zeitlich. Das Unsichtbare ist ewig. Dies ist eine Aussage von unerhörter Tragweite und Bedeutung, wie auch absoluter Konsequenz. Jeder sollte sie sich ständig vor Augen halten. Mit anderen Worten, unsere Lügen, Sünden, unsere Gedanken, unsere Liebe, Heuchelei, unser Haß, Neid usw., all diese unsichtbaren Realitäten sind Ewigkeiten für einen unendlichen Gott. „Die Menschen müssen Rechenschaft geben am Tage des Gerichts von einem jeglichen nichtsnutzigen Wort, das sie geredet haben“ (Matth. 12, 36).

Der Fall des Menschen

Im Propheten Habakuk[3] heißt es nun, daß Gott so heilig ist, daß er Sünde nicht ansehen kann. Würde der Herr nur eine Sünde in seiner Gegenwart dulden, er wäre zwar immer noch unerhört viel Licht, doch bereits mit etwas Finsternis versehen. Er wäre nicht mehr vollkommen, sondern relativiert, somit nicht mehr Gott im eigentlichen Sinne. In der Konsequenz dieser Absolutheitsansprüche sollte die Bibel nun lehren, daß eine

Sünde genügen muß — das Wort Sünde geht seiner Bedeutung nach auf den Begriff „Sondern", also „Trennen" zurück —, um eine ewige Trennung von Gott zu bewirken. Diese Folgerung ist so gewaltig und zugleich furchtbar, daß sie ein Mensch nie erfinden kann. Diese Realitäten sind jenseits der natürlichen Vorstellungskraft.

Mit messerscharfer Präzision, mit unheimlich logischer Konsequenz, als einziges Buch, lehrt die Bibel genau das. Es ist die altbekannte Geschichte des Sündenfalls, von den Gebildeten gewöhnlich belächelt, aber aus dieser Sicht nun gesehen von unerhörter intellektueller wie auch moralischer Implikation und Folgerichtigkeit. Eine Sünde, ein Ungehorsam, brachte ewiges Getrenntsein, ewige Verdammnis für alle Menschen. Tragische, furchtbare Folge der Rebellion gegen einen ewigen Gott, der sich nie ändert. Und so muß geschrieben stehen: „Derhalben, wie durch einen Menschen die Sünde ist in die Welt gekommen und der Tod durch die Sünde, so ist der Tod zu allen Menschen durchgedrungen, weil sie alle gesündigt haben" (Röm. 5, 12).

Vom Standpunkt der sichtbaren Welt aus betrachtet ist dies höchst sonderbar, fast möchte man sagen Torheit. Jedoch für die unsichtbare Welt bedeutet jener erste Ungehorsam einen totalen und ewigen Riß durch das ganze Universum. Ein Universum, das laut Johannes 17 zuvor in Liebe, Klarheit und Herrlichkeit bestanden hatte. Und vielleicht erahnen wir jetzt, warum diese eine Sünde genügte, daß ein Ewiger, der ewige Logos, Jesus, für unsere ewige Schuld zu unserer Erlösung verbluten mußte.

Die Unmöglichkeit der Eigenerlösung

Es ist einleuchtend, daß wir als begrenzte Geschöpfe Ewigkeiten nicht mehr rückgängig machen können. Dies würde der Definition des Begriffes Ewigkeit widersprechen. Wir haben gesehen, wie bereits eine Sünde eine unendliche Kluft bewirkt. Sämtliche guten Werke der Welt können diesen Abgrund nicht mehr ausfüllen, die Ewigkeit nur eines einzigen Ungehorsams aufheben[4]. Diese Kluft ist auch mit größter Eigenanstrengung nicht mehr zu überbrücken. Somit muß die Bibel lehren, wenn sie nun logisch und folgerichtig sein möchte, daß es für den Menschen unmöglich ist, sich selber zu erlösen. Wir erkennen: Würde die Heilige Schrift lehren, daß man durch gute Werke gerechtfertigt wird, sich durch eigene moralische Anstrengung oder religiöse Leistung retten bzw. erlösen kann, so hätte sie sich in ihrer Offenbarung der Absoluta total widersprochen. Sie wäre als Erfindung religiöser Menschen deklariert, die ja gerade auf diesem Gebiet nicht phantasiearm gewesen sind. Werksgerechtigkeit ist das Kennzeichen aller falschen Religionen.

Was lehrt nun die Bibel? Völlig im Gegensatz zu den religiösen Schriften aller Völker und der religiösen Vorstellung des natürlichen Menschen, besteht die Bibel auf der Unmöglichkeit der Selbsterrettung. Auch damit beweist die Heilige Schrift ihren einmaligen Offenbarungscharakter. Wir wollen nur eine von vielen Stellen herausgreifen: „Auf daß *aller* Mund gestopft werde und *alle* Welt vor Gott schuldig sei, weil *kein* Fleisch durch des Gesetzes Werke vor ihm gerecht wird. Denn durch das Gesetz kommt Erkenntnis der Sünde“ (Röm. 3, 19. 20).

Auch hier wieder der totale, absolute Anspruch dieser Feststellungen, und so sagt die Bibel von sich selbst: „Aber die Schrift hat *alles* beschlossen unter die Sünde . . ." (Gal. 3, 22). Und deswegen muß auch geschrieben stehen: „Denn die mit des Gesetzeswerken umgehen, die sind unter dem Fluch" (Gal. 3, 10), denn: „So jemand das ganze Gesetz hält und sündigt an einem, der ist in *allem* schuldig geworden" (Jak. 2, 10). Ich glaube, daß man es nicht mehr deutlicher und konsequenter sagen kann. Es mag uns vielleicht nicht behagen, doch der ewige und heilige Gott ist absolut logisch offenbart, wie jeder nur etwas ehrliche Mensch zugeben muß.

Der gefallene Mensch

Diese völlige Loslösung von dem heiligen Gott muß nun auf menschlicher Seite einer totalen Verderbtheit seiner charakterlichen Struktur gleichkommen. Wir sind moralisch unendlich tief abgestürzt. Diese ewige Kluft der Sünde in der zeitlichen Dimension, entspricht jetzt einem ebenso großen Abstand im moralischen Bereich. Lehrt dies die Heilige Schrift? Wenig schmeichelhaft sagt sie uns wiederum als einziges Buch ganz klar die Wahrheit: „Da ist keiner, der gerecht ist, auch nicht einer. Es ist keiner verständig, keiner fragt nach Gott; *alle* sind abgewichen, sie taugen alle zusammen nichts. Da ist keiner, der Gutes tue, auch nicht einer" (Röm. 3, 10—12). Kein Wunder also, daß die Menschen so viele Entschuldigungen gefunden haben, um der Bibel nicht zu glauben, um sich unter Gottes Urteil nicht zu beugen.

Das vielzitierte mysteriöse Gute im Menschen ist dementsprechend auch der Heiligen Schrift völlig fremd: „Denn das Dichten und Trachten des menschlichen Herzens ist böse von Jugend auf“ (1. Mose 8, 21). Wie sagt doch unser Herr selber, und er muß es wirklich wissen: „Niemand ist gut als Gott allein“ (Luk. 18, 19).

Ein zwar religiöser, aber nicht wiedergeborener Mensch kann mit diesen Aussagen wenig oder gar nichts anfangen, sind sie doch unserer Natur bewußt oder unbewußt völlig konträr und zuwider. Der Fall des Menschen schließt in seiner Ganzheit gezwungenermaßen auch den Verstand ein. Während er gültige Aussagen im Hinblick auf die sichtbare Welt treffen kann, ist die Vernunft dennoch durch die Trennung von Gott zum hoffnungslosen Herumtasten bezüglich der unsichtbaren Wirklichkeiten verdammt.

Dementsprechend lehrt auch die Bibel mit der gleichen erstaunlichen Folgerichtigkeit, daß, wie bereits zitiert, der natürliche Mensch Gottes Wort nicht verstehen kann und seine Offenbarung ablehnt: „Ihr Verstand ist verfinstert, und sie sind fremd geworden dem Leben, das aus Gott ist, durch die Unwissenheit, die in ihnen ist, durch die Verstockung ihres Herzens“ (Eph. 4, 18). Sünde greift auch den Verstand an. „Menschen mit zerrütteten Sinnen, untüchtig zum Glauben“ (2. Tim. 3, 8), heißt es in der Heiligen Schrift.

Die rationale Theologie hat in der Totalität dieses moralischen und menschlichen Gefälles natürlich keine Grundlage. Obwohl sie sich rational nennt, ist sie im Sinne unserer Betrachtung im höchsten Maße unwissenschaftlich und unlogisch, sprich unbiblisch. „Schulgezänke solcher Menschen, die zerrüttete Sinne haben und der Wahrheit beraubt sind, die da meinen, Frömmigkeit sei ein Gewerbe" (1. Tim. 6, 5). Wenig schmeichelhaft, aber wahr. Je mehr die Sünde zunimmt bzw. den Verstand angreift, desto sonderbarer und verrückter werden die Interpretationen der Person Jesu und seines Wortes. Eine Entwicklung, die unsere heutige Zeit immer mehr bestätigt.

Es sind für uns demütigende Aussagen. Sind wir doch auf unsere hohe Vernunft gewöhnlich besonders stolz. Doch gerade die Absolutheit in nun negativer Hinsicht bestätigt wiederum die göttliche Inspiration der Schrift. Werden doch nun die gleichen Unendlichkeiten mit geradezu mathematischer Präzision, mit derselben eindrücklichen Selbstverständlichkeit diesmal im moralischen Bereich offenbart. „Denn ich weiß, daß in mir, das ist in meinem Fleische, wohnt nichts Gutes" (Röm. 7, 18). Wiederum ist dieses „Nichts Gutes" im Sinne unserer Überlegungen vollkommen richtig dargelegt. Mit Gott als persönlicher, absoluter Bezugsgröße bleibt keine andere Wahl. Gerade weil der Apostel eine so tiefe Gemeinschaft mit Gott hatte, konnte er dies schreiben; er war sich seiner wahren Abgründe bewußt, obwohl er von sich selber sagen konnte, daß er nach der Gerechtigkeit, die das Gesetz nach Auslegung der Schriftgelehrten und Pharisäer fordert, unsträflich war[5].

Mangelnde Erkenntnis der Sünde, der wahren Natur des Menschen, entspricht somit mangelnder Erkenntnis Gottes. Demzufolge lesen wir auch, daß jeder Mensch, der sich Gott gegenüber sah, sofort als Sünder erkannte[6]. Aus der Perspektive unserer sichtbaren Welt mag es gute und weniger gute Menschen geben, vermögen wir sogar Gutes zu tun. Jedoch aus der Sicht des ewigen, vollkommenen, unendlichen und heiligen Gottes kann und darf es solche Unterschiede, absolut gesprochen, nicht geben.

So wie die Erdoberfläche große Höhenunterschiede aufweist, die aber z. B. vom Mond aus gesehen nicht mehr zu erkennen sind, so müssen auch unsere moralischen „Höhenunterschiede“ in den Augen eines absoluten Gottes zu einem Nichts zusammenschrumpfen. Eine solche Schau widerspricht komplett unseren Vorstellungen, kann sich kein Mensch erfinden. Sie kann einfach nur offenbart werden. Lehrt die Bibel diese völlige Unterschiedslosigkeit vor dem heiligen Gott, wo sie doch behauptet, voll inspiriert zu sein?

„Denn es ist hier *kein* Unterschied: Alle haben gesündigt und mangeln des Ruhmes, den sie bei Gott haben sollten“ (Röm. 3, 23). Und von dieser Warte her muß es auch heißen: „*Alle* unsere Gerechtigkeit ist wie ein unflätiges Kleid“ (Jes. 64, 5). Was unseren Augen schön und gut erscheinen mag, wird vor einem heiligen Gott Unflat und Dreck. Wahrlich, nur wer Gott nicht persönlich erfahren hat, meint in seinem Nächsten etwas Gutes oder gar Christus zu finden.

Von daher muß auch die Unterscheidung von schweren und leichten Sünden höchst sonderbar erscheinen, abgesehen davon, daß sie nicht in Gottes Wort zu finden ist. Es sind dies religiöse Erfindungen und Vorstellungen. Man dreht den Sachverhalt einfach um. Man projiziert seine frommen Empfindungen und seine eigene Gerechtigkeit auf Gott und schreibt ihm praktisch vor, wie er zu sein und zu handeln hat. Trefflich sagt davon Jesaja: „Wie kehrt ihr alles um“ (29, 16).

Diese göttliche Perspektive aber muß in diesem Sinne nur eine echte Sünde ergeben. Auch dies bestätigt uns die Heilige Schrift. Der Herr Jesus sagt: „Er (der Geist Gottes) wird der Welt die Augen auftun über *die Sünde* und über die Gerechtigkeit und über das Gericht; über *die Sünde,* daß sie nicht glauben an mich“ (Joh. 16, 8. 9). Nicht an Jesus glauben, bedeutet von Gott losgelöst zu sein, und daraus resultieren alle anderen Sünden. Dies ist die Trennung, der unendliche Abgrund, die Kluft, die Sünde also.

Der Mensch als begrenztes Geschöpf kann diesen unendlichen Abgrund seines Herzens folglich auch nicht ausloten. Ohne göttliche Offenbarung kann er sich trotz aller Eigenversuche in seinen wahren Tiefen unmöglich selber erkennen. Gott allein weiß, wozu unser Herz imstande ist. „Arglistig ist das Herz, mehr als alles, und bösartig ist es; wer kann es ergründen“ (Jer. 17, 9. 10). Dementsprechend bezeichnet uns die Bibel als Finsternis[7].

Erkennen wir, warum wir zu völlig falschen Resultaten über uns selbst und andere kommen, wenn wir uns nicht dem ewigen Gott und seinem absoluten Wort stellen? „An dem Tag, an dem Gott das Verborgene des Menschen durch Jesus Christus richten wird, wie es mein Evangelium bezeugt“ (Röm. 2, 16). Das Verborgene des Menschen; nur Gott kann es ans Licht bringen, wenn wir uns beugen und ihm gestatten, uns zu ergründen. Kein Wunder also, daß die Psychiater so wenig wirklich helfen können.

Beweist nicht die Geschichte, wie hoffnungslos die Versuche des Menschen sind, Selbsterkenntnis ohne Gott zu erlangen? Beweist nicht die Geschichte, daß in uns Menschen wirklich nichts Gutes wohnt? Ist sie nicht mit Blut, Mord, Tränen und Entsetzen geschrieben? Der Apostel Petrus sagte zu seinen Landsleuten: „Ihr aber verleugnetet den Heiligen und Gerechten (Jesus) und batet, daß man euch den Mörder (Barabbas) schenkte" (Apg. 3, 14). Das ist die Tragödie der Menschen. Sie bitten um ihre Mörder, um ihre Massenmörder. Sie rufen ihnen sogar Heil zu, ja man verehrt sie noch, man betet sie letztlich an. Durch die Ablehnung Christi und blind seinem Wort gegenüber, verwechselt man den Heiland mit dem Henker. Welch eine Tragik. Die Schrift sagt von uns: „Ihre Füße sind eilend, Blut zu vergießen" (Röm. 3, 15). Wundert es uns noch, warum die Worte Revolution, Aufruhr, Umsturz u. a. so großen Anklang finden, warum Anarchie und Terrorismus ständig zunehmen? In Gottes Augen sind wir potentielle Massenmörder, Rebellen, die entweder gerichtet oder pardoniert werden. Dazwischen gibt es nichts. Welch ein grandioser Selbstbetrug zu glauben, im Menschen sei etwas Gutes. Welch hoffnungsloses Unterfangen, an den Menschen zu glauben, Humanist zu sein.

Das ewige Gericht

Gott sieht unser Herz. „Der Herr wird ans Licht bringen, auch was im Finstern verborgen ist, und wird das Trachten der Herzen offenbar machen" (1. Kor. 4, 5). Es wurde bereits erwähnt, daß unsere Gedanken, unsichtbare Realitäten, vor Gott ewig sind. Dinge, die uns gering erscheinen, wiegen folglich dementsprechend schwer in Gottes Augen. Wie sagt doch unser Herr Jesus? „Wer eine Frau ansieht, ihrer zu begehren, der hat schon die Ehe mit ihr gebrochen in seinem Herzen" (Matth. 5, 28).

Ein heiliger, vollkommener Gott muß für Sünde auch ein ewiges Gericht[8], eine ewige Strafe festsetzen. Der

Tod ist für uns die schlimmste Bestrafung. So steht denn auch geschrieben: „Denn der Sünde Sold ist der Tod" (Röm. 6, 23). Wir erahnen die Notwendigkeit des Todes Christi. Gott kann seine Prinzipien, seinen Standard nie ändern.

Die Schwere der Bestrafung entspricht einfach der völligen Heiligkeit Gottes, wie auch geschrieben steht: „Denn unser Gott ist ein verzehrend Feuer" (Hebr. 12, 29). Es sei hier mit allem Nachdruck gesagt: Die Bibel würde sich in allen Aussagen widerlegen, die ganze Offenbarung der Absolutheit Gottes bräche total zusammen, würde die Heilige Schrift nicht von einem ewigen, unabänderlichen Gericht, von einer ewigen, unabänderlichen Verdammnis für Sünde und Sünder sprechen. Und sie sagt es uns nur zu deutlich. Die Kluft ist und muß ewig sein. „Und über alledem ist zwischen uns und euch eine große Kluft befestigt, so daß die, welche von hier zu euch hinübersteigen wollen, es nicht können, noch die von dort es vermögen, zu uns herüberzukommen" (Luk. 16, 26). Kein Wunder, daß Paulus schrieb: „Weil wir wissen, daß Gott zu fürchten ist, suchen wir Menschen zu gewinnen" (2. Kor. 5, 11).

Nehmen wir noch eine Illustration aus der Physik. Der erste Hauptsatz der Wärmelehre besagt, daß Energie nicht vernichtet werden kann. Was nun Gott gehaucht hat, ist ebenso nicht mehr auszulöschen. Gott hat sein Wort gehaucht, wie uns der Vers in 2. Timotheus 3, 16 verrät und „theopneustos" im Griechischen buchstäblich heißt. Später wird noch gezeigt, warum Gottes Wort ewig sein muß.

Ebenso hat Gott auch den Menschen gehaucht. Die unsichtbare, seelisch-geistliche Energie, wenn wir es so sagen dürfen, kann nun ebenfalls nicht mehr zerstört oder vernichtet, wie es die Zeugen Jehovas lehren, oder gar ausgelöscht werden. Der Mensch ist ewig im absoluten Sinne. Entweder ist er ewig bei Gott oder ewig von ihm getrennt. Dazwischen gibt es nichts.

Der natürliche Verstand sträubt sich gegen die Vorstellung einer ewigen Verdammnis. Sie erscheint ihm weder gerecht noch erfaßbar, und dementsprechend groß ist auch der Aufwand an Ausflüchten, den man geleistet hat, um den klaren Aussagen der Schrift zu entkommen. Aber letztlich verfällt man nur in den alten Fehler, das menschliche Verständnis von Gerechtigkeit, Güte und Ewigkeit auf Gott zu projizieren. Wir haben gesehen, daß das Getrenntsein von Gott nur eine Abwärtsbewegung bzw. -entwicklung bewirkt.

Es erübrigt sich eigentlich zu sagen, daß es so etwas wie das Fegefeuer natürlich nicht geben kann. Die Heilige Schrift würde sich total ad absurdum führen, spräche sie von solch einem „Läuterungsort". Wir suchen denn auch vergeblich nach nur einem einzigen Vers, der etwas derartig Naives aussagen könnte. So etwas kann nur einem Geschöpf einfallen, nie aber der Schöpfer offenbaren. Die Lehre der Allversöhnung mag zwar manch einem schöngeistigen Gemüt wunderbar einleuchten, in diesen Perspektiven der Ewigkeit Gottes aber wird sie sowohl zum biblischen, als auch zum naturwissenschaftlichen Aberglauben. Dadurch, daß der Mensch die Ewigkeit beschränkt, zwängt er eigentlich diese Realität in seine Vorstellungswelt, oder er versucht es jedenfalls. Er macht sich in diesem Sinne ein Bild von Gott, eben eine Einengung, hier nun im zeitlichen Bereich. Der Mensch betreibt den von Gott verbotenen Götzendienst, also räumliche Erfaßbarkeit Gottes, diesmal nur auf anderer

Ebene. Es führt zu ähnlichen Trugschlüssen und Verirrungen. Als Geschöpfe des Raum-Zeit-Universums ist für uns die Unendlichkeit wie Ewigkeit im Prinzip völlig unvorstellbar. Bei Gott gibt es nicht Dimensionen in unserem Sinne, bei ihm ist einfach Zeitlosigkeit, ein, wie schon oben gesagt wurde, immerwährendes „So Sein". Deshalb, wie man stirbt, so fährt man dahin, und wo man dahinfährt, dort bleibt man. Ewige Zeitlosigkeit.

Wir erkennen, welche Schwierigkeiten sich ergeben, mit unseren doch „zeitlich" geprägten Wörtern, diese Wirklichkeiten zu beschreiben. Sie sind für uns nicht faßbar, und eigentlich vermögen wir nicht die Zeitlosigkeit mit unseren Begriffen darzulegen, mit unserem Verstand zu begreifen. Dies wäre nur möglich durch Begrenzung der Ewigkeit. Damit aber kehrt man den Sachverhalt genau um. Das Modell (zeitlich) wird zur Wirklichkeit erhoben. Genau in diesem Irrtum aber bewegt sich die Lehre der Allversöhnung, auch Wiederbringungslehre genannt. Was Heisenberg von den Elementarteilchen aussagte (Seite 21), gilt auch hier. Schon der bloße Versuch, die Ewigkeit begrifflich oder bildlich zu erfassen, bedeutet, sie total falsch zu interpretieren. Aus Gott wird dort der Götze. Aus der Ewigkeit wird hier die Äonenlehre oder Allversöhnung. Diese Lehre ist der typische Repräsentant der Folge der Projektion der eigenen Begrenztheit auf die Ewigkeit Gottes. Getrennt von Gott allerdings gibt es weder Aufwärtsentwicklung noch Verbesserung oder gar Läuterung. Der Herr Jesus sagt ganz klar, daß es eine Sünde gibt, die nie vergeben wird [9]. Stimmte die Wiederbringungslehre jedoch, so hätte uns der Herr mit dieser Behauptung angelogen.

Der Fall des Menschen ist vollkommen, total und ewig. Wir müssen folglich auch in Raum und Zeit, in jeder Richtung, in jeder Dimension absolut verloren sein. Die Bibel muß darauf bestehen, und als einziges Buch lehrt sie es wiederum ganz klar. „Denn des Menschen Sohn ist gekommen, zu suchen und selig zu machen, was verloren *ist*“ (Luk. 19, 10). Die Menschen, die Heiden gehen nicht verloren, sie *sind* verloren.

Nach dem bereits oben Gesagten müßte man dies eigentlich nicht mehr besonders betonen. In gewissem Sinne ist die Lage des Menschen völlig auswegs- und hoffnungslos ohne den lebendigen Gott. Die Menschheit sitzt in dem Raum-Zeit-Kontinuum sozusagen wie in einer Falle fest. Wir haben gesehen, daß eine Sünde völlig genügt, um uns ewig von Gott zu trennen. Auch der selbstgerechteste Mensch, der sich noch so gut dünken möge, sollte erkennen, daß er gegenüber dem heiligen Gott auch nicht die geringste Chance hat, vor ihm zu bestehen.

Man kann sich ein ganzes Leben lang bemüht haben. Man hat vielleicht einmal gelogen, — ewig verloren. Man kann ständig nach bestem Wissen und Gewissen gelebt haben. Man hat einmal geheuchelt, — ewig verloren. Man kann nur gute Werke getan haben. Man hat einmal gesündigt, — ewig verloren. Vielleicht wird jetzt jemand sagen, und es ist mein Gebet, daß es viele erkennen mögen: „Wenn dies stimmt, dann bin ich verloren! Wo ist dann der Ausweg? Wie kann man da noch gerettet werden?“

Vor Jahren wurden in dem deutschen Bergwerksort

Lengede mehrere Grubenarbeiter in großer Tiefe eingeschlossen. Der Zustand dieser Eingeschlossenen vermag die wahre Verlorenheit des Menschen nur schwach widerzuspiegeln. Man startete eine umfassende Rettungsaktion. Der lebendige Gott hat zur Befreiung bzw. Erlösung der Menschheit die gewaltigste Rettungsoperation in der Geschichte dieses Universums unternommen. Er kam persönlich zu uns.

Kapitel V

Das Kreuz

Die Kreuzestat von Golgatha

Ein Gedanke ist ewig vor Gott. In Jesus kam der ewige Logos (Gedanke) zu uns. Dies wird in Dale Rhotons Büchlein dargelegt[1]. Ein Geschöpf, und das ist nun einmal auch der Mensch, muß unendlich von Gott getrennt sein, um eine ewige Schuld zu bezahlen. Ein Unendlicher aber kann in einer begrenzten Zeit, Jesus hing sechs Stunden am Kreuz, die ewige Strafe tilgen. Beides ist mathematisch völlig vertretbar.

Inwiefern ist nun Jesus unendlich? Wie ist dies gemeint? Dies bezieht sich natürlich nicht auf die sichtbare Welt. Und wir sprechen hier von der Person, die vor ca. 2000 Jahren auf den Straßen Palästinas einherging. Aber Jesus ist moralisch absolut, heilig, vollkommen. Bezüglich der unsichtbaren Welt ist er unendlich. Die Bibel muß nun auf der Sündlosigkeit Jesu Christi bestehen, sonst geht diese Rechnung der Absoluta auf keinen Fall auf. Nur eine von vielen Stellen: „Welcher unter euch kann mich einer Sünde zeihen? Wenn ich aber die Wahrheit sage, warum glaubet ihr mir nicht?" (Joh. 8, 46)[2]. Jesu Leben beweist, daß er nie fehlte oder versagte.

Im zweiten Kapitel dieses Buches wurde bereits auf die zeitliche Absolutheit Jesu Christi hingewiesen. Gottes moralische Absolutheit verlangt nun die Höchststrafe für die Sünde wie den Sünder. Als Jesus alle

Schuld dieser Welt trug, und nur seine Unendlichkeit konnte dies ermöglichen, wurde dementsprechend auch das furchtbarste Gericht an ihm vollzogen. Die Kreuzigung war damals die schlimmste Todesart, die Hinrichtungsmethode für Verbrecher und Verfluchte. Und Jesus trug den Fluch der Sünde, den Fluch des Gesetzes[3], das gnadenlos verdammt. Wie wir bereits zuvor erwähnt haben, kann Gott seine Prinzipien nicht ändern, und Jesus mußte deswegen sterben; sonst gibt es für uns keine Errettung. Doch viel schlimmer waren für unseren Herrn die geistlichen Qualen, für ihn, der keine Sünde kannte. Freiwillig gab er sein Leben für uns, vergoß er sein Blut. Die Bibel erklärt: „Denn des Leibes Leben ist im Blut, und ich habe es euch für den Altar gegeben, daß ihr damit entsühnt werdet. Denn das Blut ist die Entsühnung, weil das Leben in ihm ist" (3. Mose 17, 11). Er konnte uns nicht anders erlösen, da geschrieben steht: „Ohne Blutvergießen geschieht keine Vergebung" (Hebr. 9, 22 b). Folglich kann auch nur er unsere Sünden vergeben, da sein Blut geflossen ist[4].

Diese Trennung, was Sünde nun bedeutet und bewirkt, mußte auch Christus erleiden. Wir sind gewohnt, von Gott getrennt zu sein[5], aber für Jesus war dies die schlimmste Pein. Deswegen auch sein Ruf: „Mein Gott, mein Gott, warum hast du mich verlassen?" (Matth. 27, 46). Jedoch gerade darin konnte der unendliche Sohn Gottes in einer begrenzten Zeit unsere Schuld bezahlen. Ewigkeiten kann nur der rückgängig machen, der selber ohne Anfang ist. Das Blut des ewigen Sohnes Gottes *allein* kann die Ewigkeit der Sünde auslöschen[6]. Dies ist von entscheidender Bedeutung und sollte nicht mehr vergessen werden.

„Siehe, das ist Gottes Lamm, welches der Welt Sünde trägt! Dieser ist's, von dem ich gesagt habe: Nach mir kommt ein Mann, welcher vor mir gewesen ist, denn er war eher als ich" (Joh. 1, 29. 30). Auch hier wieder diese exakte Kombination. Ein zeitlich Unendlicher trägt die unendliche Schuld der Welt. Er kann durch seine moralische Unendlichkeit — Vollkommenheit also — der Sünde der Welt ein entsprechendes Äquivalent entgegensetzen.

Als der Tempelvorhang zerriß, machte der Schöpfer den ewigen Riß der Sünde durch dieses absolute Universum rückgängig. Die unendliche Trennung zwischen Gott und den Menschen hatte ein Ewiger behoben. „Ach daß du den Himmel zerrissest und führest herab" (Jes. 64, 1), rief voll Sehnsucht der Prophet Jesaja. Und Gott hat es tatsächlich für uns getan, er hat die Herrlichkeit des Himmels für uns geöffnet[7].

Deswegen zerriß auch der Tempelvorhang von oben nach unten und nicht umgekehrt. Begreiflich, daß dies ein Geschöpf nie geschafft hätte. Ein begrenztes Wesen kann dieses Universum nicht umstrukturieren, sondern dies vermag nur der Schöpfer. Die Bibel muß einfach darauf bestehen, daß Jesus Gott ist. Wäre er nur ein Geschöpf, wie z. B. die Zeugen Jehovas und viele andere Vertreter von Sekten behaupten, so ginge die ganze Erlösung und Errettung des Menschen ebenso absolut verloren. Doch Jesus ist der wahre Gott[8]. Vielleicht begreifen wir jetzt die ganze Gewalt der Aussage Christi: „Darum habe ich euch gesagt, daß ihr sterben werdet in euren Sünden; denn wenn ihr nicht glaubet, daß ich es bin, so werdet ihr sterben in euren Sünden" (Joh. 8, 24). *„Ich bin"* allein kann uns vor dem Tod in Sünden und Übertretungen bewahren.

Wir haben früher gezeigt, warum *„Ich bin"* der Name des wahren Gottes ist. Mit anderen Worten, wenn wir nicht an Jesus glauben und an ihn als den ewigen und wahren Gott, so gehen wir verloren. Gott aber hat diese Trennwand, welche die Sünde aufgerichtet hatte und durch den Tempelvorhang symbolisiert wurde, ein für allemal zerschlagen. Der Weg zu Gott ist frei.

Das vollbrachte Werk

Diese Möglichkeit, sich Gott zu nahen, die uns der Herr Jesus mit seinem Blut erwirkt hat[9], zwingt zu folgender Überlegung: Da Gott in seiner Gegenwart keine Sünde duldet, dulden kann, muß die Vergebung Gottes, dieses Blut Jesu alle Sünden wegnehmen. Lehrt dies die Heilige Schrift? „Und das Blut Jesu Christi, seines Sohnes, macht uns rein von *aller* Sünde" (1. Joh. 1, 7). Uns wird also alles vergeben[10]. Wie ist das möglich?

Betrachten wir nochmals die Grundtatsachen: Als der Herr Jesus am Kreuz hing, standen vor ihm Johannes, seine Mutter Maria und andere. Wir wissen, daß er ihre Sünden trug. Dies gilt zunächst einmal in räumlicher Hinsicht, weil sie ja von ihm rein örtlich getrennt waren. Da wir nun in einem Raum-Zeit-Kontinuum leben, muß Jesus, der die Sünden und Übertretungen der Menschen räumlich getragen hat, sie auch zugleich in der zeitlichen Dimension auf sich genommen haben. In Raum und Zeit lastete auf ihm alle Schuld der Menschen. Als Gott konnte er, weil er räumlich alles umspannt, auch alles in Vergangenheit, Gegenwart und Zukunft erfassen.

Der unendliche Gott erschien uns in Jesus in endlicher

Gestalt. Seine räumliche und zeitliche Allgegenwart war in diesem Sinne in Christus verkörpert, konzentriert. Räumlich und zeitlich an einem bestimmten Ort zu einer bestimmten Zeit, wurden auf Jesus alle Ewigkeiten der Sünde zusammengefaßt, und ein absolutes Gericht (er mußte sterben) wurde in endlicher Zeitspanne an ihm vollzogen. Derselbe, der behaupten konnte: „Ehe denn Abraham ward, bin ich", konnte folglich auch sagen: „Es ist vollbracht" (Joh. 19, 30). Dies ist das gewaltigste Wort im ganzen Universum. Jesus hat in Raum und Zeit alles für uns getan.

Gott ist nicht nur unendlich in seiner Gerechtigkeit, er ist auch unendlich in seiner Liebe, wie wir später noch sehen werden. „So wahr ich lebe, spricht Gott der Herr: ich habe kein Gefallen am Tode des Gottlosen, sondern daß der Gottlose umkehre von seinem Wege und lebe" (Hes. 33, 11). Für mich persönlich ist dies einer der wunderbarsten Verse der Bibel. Das Kreuz beweist die Wahrheit dieses gewaltigen Wortes. Aus Liebe zu uns hat sich Jesus in den Tod gegeben, alles für uns getan.

Das ist die wahre Bedeutung des Fluchholzes. Die Gleichung der Ewigkeiten löst sich an einem Punkt der Geschichte völlig auf. Dort, wo etwas Furchtbares geschehen ist: Die Geschöpfe haben ihren Schöpfer ermordet, und wir alle, im Sinne der zeitlichen Umfassung, waren dabei, sind schuldig geworden. Am Kreuz von Golgatha treffen sich die Absoluta, Gericht und Gnade, Heiligkeit und Liebe Gottes, ewige Verdammnis und völlige Vergebung, Schöpfer und Geschöpf.

Mit dem Wort: „Es ist vollbracht", zerriß das ganze Universum. Der Himmel, der Vorhang, wie bereits oben gesagt wurde, die Felsen und Gräber[11] und das

Totenreich[12]. Es ist der gewaltigste Sieg im ganzen Weltall. Jesus hat ihn völlig allein für uns erfochten und ist der wahre Triumphator[13]. In den unendlichen Abgrund der Sünde und des Todes goß der ewige Schöpfer die Fülle seines Lebens[14]. Als er am Kreuz verblutete, zerstörte er mit der Kraft des unendlichen Lebens[15] die Gewalt des Gegenspielers Gottes über uns Menschen[16], vernichtete sein Kreuz die gerechte Forderung der ewigen Verdammnis. „Es ist vollbracht" wird für den, der es im Glauben erfaßt, zur Fanfare des Triumphes, zur persönlichen Gewißheit und Erfahrung[17]. Der Sieg Jesu ist unumstößlich. Die Auferstehung bestätigte, besiegelte sozusagen dann in der sichtbaren Welt den im Unsichtbaren errungenen Triumph.

Überlegen wir einmal kurz: Uns wird vergeben, weil das Blut des ewigen Sohnes Gottes geflossen ist und wir es persönlich angenommen haben; doch wäre der Herr Jesus nur einmal ungehorsam gewesen, wer hätte ihm vergeben? Wessen Blut hätte die Sünde des Unendlichen wegnehmen können? Welcher Ewige hätte diesen Abgrund überbrückt? Ein Versagen von seiner Seite, und dies ganze Universum wäre zerstört worden. Kein Mensch hätte gerettet werden können, auch ein Abraham, Mose und Daniel nicht. Eine ewige Finsternis und Verdammnis wäre für alle hereingebrochen. Und so hing die Errettung von uns allen wie ein seidener Faden an dem Gehorsam Jesu Christi.

Der Feind Gottes erkannte seine Chance, und er setzte auch alles auf eine Karte. In Gethsemane stand Jesus ganz allein und rang mit dem Tod. Doch er blieb Sieger. Er ist wahrlich der göttliche Held, wie Jesaja von ihm sagt[18]. Vielleicht erahnen wir jetzt, zu welchem Dank wir Jesus Christus verpflichtet sind, was er wirklich für uns getan hat. Begreifen wir, warum die Schrift darauf bestehen muß, daß Jesus ohne Fehler, daß er höher als die Himmel ist, wie es der Hebräerbrief[19] besagt? Erkennen wir, welches Chaos die Philosophen und liberalen Theologen anrichten, wenn sie Jesus nur für einen besseren Menschen erklären? Erahnen wir vor dem Abgrund dieser Welten, warum Jesus sagt: „Ohne mich könnt ihr nichts tun“ (Joh. 15, 5)?

Die Rechnung der Absoluta findet in der Offenbarung der Bibel wiederum die einzige und unvergleichliche Lösung. Seien wir doch aufrichtig! Kein Mensch kann so etwas erfinden. Das Kreuz Christi steht jenseits aller religiösen Phantasie. Es waren auch die Religiösen, die damals wie auch heute das Kreuz verspottet haben bzw. verachten. Ärgernis und Torheit bedeutet es für eine gefallene Welt. Doch aus diesem Blickwinkel betrachtet, wird es praktisch mathematische Weisheit. Weisheit im höchsten Sinne, absolute Weisheit, wie es der Korintherbrief sagt[20]. Tatsächlich: „Die göttliche Torheit ist weiser, als die Menschen sind“ (1. Kor. 1, 25 a).

Diese mathematische Gleichung wird auch durch die Verse in Offenbarung 1, 17. 18 bestätigt: „Fürchte dich nicht! Ich bin der Erste und der Letzte und der Lebendige. Ich war tot, und siehe, ich bin lebendig von Ewigkeit zu Ewigkeit und habe die Schlüssel der Hölle und des Todes.“ Wir erkennen: Der Unendliche in der Ewigkeit seines Lebens bekam durch sein Sterben die Gewalt und Macht über Tod und ewige Verdammnis, wie es die Auferstehung triumphierend bestätigt[21], eine Gewalt und Macht, die vorher rechtmäßig seinem Gegner zustand[22]. In einem juristisch völlig legalen Akt entmachtete Jesus seinen ärgsten Feind und entriß ihm seine Anrechte über Leben und Tod. Nun hat der Herr Jesus die Schlüssel der Hölle und des Todes, Schlüssel, die bis Golgatha sein Gegner besaß. Welch eine wunderbare Formel der Heilsgewißheit und der Erlösung. Wahrlich, wir brauchen uns nicht zu fürchten (V. 17), so wir uns Jesus völlig anvertrauen.

Die Einmaligkeit der Vergebung und des Kreuzesopfers

Gott hat also in Raum und Zeit alles für uns getan. „Denn wir sind sein Werk, geschaffen in Christus Jesus zu guten Werken, welche Gott *zuvor* bereitet hat, daß wir darin wandeln sollen" (Eph. 2, 10). Alle Schuld von Vergangenheit, Gegenwart und Zukunft hat er getilgt. Dies wurde bereits oben angedeutet. Nach unserem heutigen Wissen vom Universum ist das höchst logisch und einleuchtend. Diese einmalige Vergebung sollte also die Bibel lehren, wenn sie wirklich die Offenbarung des wahren Schöpfers dieses Raum-Zeit-Kontinuums ist. Sie lehrt es tatsächlich: „In diesem Willen sind wir geheiligt, *ein für allemal* durch das Opfer des Leibes Jesu Christi" (Hebr. 10, 10). „Denn wo Vergebung der Sünden ist, da geschieht für sie kein Opfer mehr" (Hebr. 10, 18).

Jenes steht im derartigen Widerspruch zu aller religiöser und natürlicher Vorstellung, daß es wirklich nur eine Offenbarung des ewigen Gottes sein kann. Kein „religiöses Gehirn" kann so etwas erfinden. Die Religionen der Menschheit bieten einfach Systeme an, ohne die Gewißheit der Vergebung. Gottes Wort hingegen erklärt mit erstaunlicher Dezidiertheit, mit wunderbarer Klarheit und Einfachheit, in perfekter Harmonie mit allen bisherigen Erkenntnissen: „Denn mit einem Opfer hat er für immer vollendet, die geheiligt werden" (Hebr. 10, 14). Es ist wahrlich alles vollbracht, und so bestätigt uns die Heilige Schrift eine ewige Erlösung, die Jesus allein für uns bewirkt hat: „Daher kann er auch für ewig selig machen, die durch ihn zu Gott kommen; denn er lebt immerdar und bittet für sie" (Hebr. 7, 25).

Die Auswirkung des Kreuzesopfers auf die Vergangenheit

Die zeitliche Gesamterfassung durch das Kreuzesopfer erklärt noch ein weiteres Problem. Wie konnte Gott den Menschen vor Jesu Sühnetod vergeben? Der Hebräerbrief erklärt: „Denn es ist unmöglich, durch das Blut von Ochsen und Böcken Sünden wegzunehmen" (10, 4). Dennoch hat es Gott im Alten Testament verordnet. Wie wurden dann die Gläubigen jener Zeit gerechtfertigt bzw. gerettet? Wie ist das möglich?

Erstens lesen wir, daß die Sünden im Zeitabschnitt des Gesetzes nicht ausgelöscht, sondern nur überdeckt wurden[23]. Gott konnte dennoch vergeben, da er als ein ewig Zeitloser über all das Blut von Tieren hinweg den vollkommenen Sühnetod Jesu ständig vor Augen hatte. Und so hat der Herr in bildlicher prophetischer Vorwegnahme[24] diese Opfer verordnet, bis das wahre Opferlamm kam[25].

„Du wirst Jakob die Treue halten und Abraham Gnade erweisen, wie du unseren Vätern vorzeiten geschworen hast" (Micha 7, 20), sagt der Prophet. Gott *wird* Abraham Gnade erweisen. Deswegen heißt es in jener berühmten Abhandlung über die Gläubigen des Alten Testaments: „Diese alle haben durch den Glauben das

Zeugnis Gottes empfangen und doch nicht erlangt, was verheißen war, weil Gott etwas Besseres für uns zuvor ersehen hat, damit sie nicht ohne uns vollendet würden" (Hebr. 11, 39. 40).

In diesem Zusammenhang erahnen wir, warum der Ewige sagen konnte: „Abraham, euer Vater, ward froh, daß er meinen Tag sehen sollte, und er sah ihn und freute sich" (Joh. 8, 56). Denn nur zwei Verse weiter offenbart sich Jesus als der *„Ich bin"*. So man nur die sichtbaren und damit vergänglichen Realitäten vor Augen hat, wird dies zur Torheit und zum Ärgernis, wie es auch für sein Volk wurde[26]. So aber spricht die Bibel von den vollendeten Gerechten[27]. Vollendet wurden sie natürlich mit dem Wort: „Es ist vollbracht." Zu allen Zeiten wurden die Menschen nur — und allein — durch Jesus Christus gerettet. Auch in Zukunft gibt es nur den einen Retter: Jesus Christus[28].

Im 1. Petrusbrief wird dies noch verblüffender bestätigt: „Und wisset, daß ihr nicht mit vergänglichem Silber oder Gold erlöst seid von eurem eitlen Wandel nach der Väter Weise, sondern mit dem teuren Blut Christi als eines unschuldigen und unbefleckten Lammes." Wir erkennen wieder die wunderbare Folgerichtigkeit: Unsere ewige Seele kann mit nichts erkauft werden, das der sichtbaren Welt angehört, und sei es noch so kostbar, weil es eben vergänglich ist. Sondern ein moralisch Absoluter allein konnte den Preis bezahlen, ein ewig Vollkommener, der dementsprechend zeitlich unendlich sein muß, wie auch der nächste Vers verrät: „Er ist zwar zuvor ersehen, ehe der Welt Grund gelegt ward, aber offenbart zu der letzten Zeit um euretwillen" (1. Petr. 1, 18—20).

In zeitlicher, räumlicher, ewiger und moralischer Dimension sind diese Aussagen wunderbar kombiniert. Wiederum eine Mathematik der Absoluta, die sich kein ungelehrter Fischer erfinden konnte, sondern die in ihrer zwingenden Logik und ausschließlichen Korrektheit den offenbart, der selber unendlich ist, dessen Verstand keinen Irrtum kennt, dessen Weisheit unerforschlich ist[29]: Jesus Christus.

Angesichts dieser fehlerlosen Kalkulation, dieser Offenbarung einer mathematisch wie moralisch unglaublichen Intelligenz, überrascht es uns dann noch, wenn der bereits erwähnte Physiker Sir James Jeans erklärt[30]: „In ähnlicher Weise legt die naturwissenschaftliche Erforschung der Funktionsweise des Weltalls eine Schlußfolgerung nahe, welche man ... mit der Feststellung zusammenfassen kann, daß das Universum von einem reinen *Mathematiker* ersonnen zu sein scheint." Es ist gewaltig, was die Bibel lehrt.

Kapitel VI

Absoluta und Einzigartigkeiten als Folge des Kreuzesopfers

Absoluta, die sich persönlich auswirken

1. Heilsgewißheit

Die Einmaligkeit der Vergebung muß bei gläubiger Annahme konsequenterweise echte Heilsgewißheit bewirken. Dies widerspricht manch religiöser Anschauung, ja im eigentlichen Sinne ist das Kennzeichen aller Religionen: Es gibt keine Gewißheit. Sie kann gar nicht vorhanden sein. Der Mensch versucht von seiner Seite her den unendlichen Gott zu erfassen. Die Betrachtung der Ewigkeiten zeigt einfach, wie dies universell unmöglich ist. Und so ist der religiöse Mensch auf ein letztlich total hoffnungsloses Herumtasten ohne irgendein Fundament angewiesen.

René Pache schreibt[1]: „Vergleichen wir — einmal mehr — die verschiedenen Religionen mit der Schrift. Dann stellen wir fest, daß die menschlichen Systeme kein wahres Heil bieten können, denn sie kennen den dreimal heiligen Gott nicht, noch seine unbedingten Forderungen und die Verurteilung jedes Ungehorsams gegenüber seinem Gesetz. Da sie keinen wirklichen Begriff von Sünde haben, wissen sie auch keine Lösung dafür. Für sie ist der Mensch nicht unrettbar verloren; er kann durch immerwährendes Bemühen und durch seine guten Werke sich loskaufen. Er rettet sich selber, oder, genauer gesagt, er rettet sich gar nicht, und sein trotzdem nie zur Ruhe kommendes Gewissen findet nie die Gewißheit der Vergebung."

Gerade von dieser Gewißheit redet die Bibel. Wir haben gesehen, daß die Absoluta in der Person Jesu Christi zu finden sind. Da er zu uns kam, können wir ihn nun erfassen[2]. Wer diesen Schritt getan hat, begreift, warum geschrieben stehen muß: „Wer den Sohn hat, der hat das Leben; wer den Sohn Gottes nicht hat, der hat das Leben nicht. Solches habe ich euch geschrieben, die ihr glaubet an den Namen des Sohnes Gottes, auf daß ihr *wisset*, daß ihr das ewige Leben habt" (1. Joh. 5, 12. 13). Die Bibel bietet kein System von Hoffnungen an, „die doch nicht können im Gewissen vollkommen machen den, der da Gottesdienst tut" (Hebr. 9, 9), sondern die Gemeinschaft mit einer Person. Persönliche Begegnung und Erfahrung mit Gott schafft natürlich Gewißheit. Dies ist so folgerichtig, daß man darüber nicht mehr Worte zu verlieren braucht.

Weil Gott nun alles für uns getan hat, muß somit Erlösung, Vergebung, ewiges Leben, Rechtfertigung usw. kein eigenes Verdienst, sondern ein freies Geschenk Gottes sein. Auch davon spricht konsequenterweise die Bibel[3]. Die katholische Herderübersetzung formuliert es besonders prägnant: „Sie werden nun durch seine Gnade auf Grund der Erlösung in Christus Jesus geschenkweise gerechtfertigt" (Röm. 3, 24). Diese Gabe ist nun für jeden Menschen da, gilt aber nur denen, die Jesus Christus durch Glauben in ihr Leben aufnehmen (Joh. 1, 12). Mit Jesus bekommen wir alles geschenkt[4], außerhalb von ihm nichts, das in der Ewigkeit Bestand hat. Der stolze oder moralische Sünder verachtet dies, beruft sich auf sein redliches Bemühen und seine eigene moralische Leistung und weiß dennoch oder gerade deshalb nichts von dem Frieden Gottes[5].

Wer aber Jesus im Glauben die Tür seines Herzens öffnet, darf erfahren, warum in wunderbarer Zusammenfassung des oben Gesagten geschrieben steht: „Wir *wissen* aber, daß der Sohn Gottes gekommen ist und hat uns einen Sinn dafür gegeben, daß wir erkennen den Wahrhaftigen. Und wir sind *in* dem Wahrhaftigen, in seinem Sohn Jesus Christus. Dieser ist der wahrhaftige Gott und das ewige Leben" (1. Joh. 5, 20). Was könnten wir auch zu dem vollbrachten Werk eines ewigen und herrlichen Erlösers hinzufügen[6]?

2. Die stellvertretende Rechtfertigung

Diese absolute Vergebung muß folglich aus Sündern Heilige machen[7]. Gott könnte anderes in seiner Gegenwart auch gar nicht dulden, wollte er seine Prinzipien nicht relativieren, was für ihn unmöglich ist. Will also die Bibel logisch konsequent sein, so muß sie Gläubige, und dies sind nun einmal laut Heiliger Schrift Menschen, die Gemeinschaft mit Gott haben[8], als Heilige bezeichnen. Diese totale Schau läßt keine andere Möglichkeit zu.

Wir erkennen: Falls die Bibel Heiligkeit nur ganz besonderen und nicht jedem schlicht Gläubigen zuspricht, hat sie sich in ihrem ganzen Gefüge restlos widersprochen. Eine Inkonsequenz in nur einem Punkt zerstört begreiflicherweise alles. Aber auch hier werden die Prinzipien der Absoluta richtig weitergeführt. Wieder entgegen aller religiöser landläufiger Vorstellung, erklärt Gottes Wort jeden Gläubigen für heilig. Die Stellen dazu sind zahllos[9].

Dieser heilige Gott muß von sich sagen, muß die Bedingung stellen, die wir im Hebräerbrief lesen: „Jaget nach der Heiligung, ohne die niemand den Herrn sehen wird“ (12, 14). Auch wenn wir damit innerlich nicht übereinstimmen, so sagt uns dennoch sein Wort: „Denn Gott hat uns nicht berufen zur Unreinigkeit, sondern zur Heiligung. Wer das nun verachtet, der verachtet nicht Menschen, sondern Gott, der seinen Heiligen Geist in euch gibt“ (1. Thess. 5, 8). Aus Sündern werden tatsächliche Heilige. Der Herr hat uns in diesem Sinne nicht räumlich, sondern moralisch im geistlichen Bereich ewig versetzt, wie es der Epheserbrief auch sagt[10].

Petrus formuliert mit einfachen Worten die ebenso einfache Gleichung der moralischen Absoluta: „Sondern wie der, der euch berufen hat und heilig ist, seid auch ihr heilig in *allem* euren Wandel! Denn es steht geschrieben: Ihr sollt heilig sein, denn ich bin heilig“ (1. Petr. 1, 15. 16). Anders kann es gar nicht sein. Es ist vollbracht. Dies Wort vom Kreuz läßt keine andere Lösung zu.

3. Das Priestertum

Erkauft durch das Blut Jesu, sind wir Gottes Eigentum[11] und haben demzufolge Gemeinschaft mit Gott[12], wie oben ausgeführt wurde. Gemeinschaft bzw. lebendige Verbindung mit Gott zu haben, ist nun die Definition eines Priesters. So sich die Heilige Schrift nicht selbst widersprechen möchte, muß sie nun jeden echt Gläubigen als Priester bezeichnen. Auch dies läuft manch religiöser Überzeugung zuwider, dennoch bestätigt Gottes Wort in logischer Weiterführung gerade diesen Sachverhalt. Wiederum ist es der Petrusbrief, der dies klar formuliert.

Betrachten wir die logische Reihenfolge. In Kapitel 1, Vers 15 und 16, werden wir an die bereits oben erwähnte Heiligkeit erinnert. In Vers 19 zeigt er uns die moralische, in Vers 20 die zeitliche Absolutheit des Herrn, der uns erkauft hat. In Kapitel 2, Vers 5 wird nun als Folge dieser Absoluta die einmalige Stellung des Gläubigen vor Gott offenbart. Auch der Vers 9 erwähnt dieses Vorrecht, von dessen wunderbarer Größe so deutlich noch das letzte Buch der Bibel zu berichten weiß[13]. Die Gläubigen werden direkt Priester genannt.

Wer erfahren hat, wie bereit dieser Gott ist, Gebet zu erhören, wird gerade dies zu schätzen wissen. Es ist ein großer Gott, der uns die Einladung von Jeremia 33, 3 gibt. Es ist tatsächlich das größte Vorrecht, wovon leider immer weniger Gebrauch gemacht wird.

Der einzige Retter Jesus

Man müßte es eigentlich nicht mehr besonders erwähnen, da es indirekt wie direkt schon mehrmals gesagt und angedeutet wurde. Außerdem ergibt es sich aus allen bisher erwähnten Fakten praktisch zwangsläufig. Allerdings ist diese Tatsache dem natürlichen und religiösen Menschen derartig unbegreiflich, daß er sie auch konsequent ablehnt, ohne dabei auch im geringsten wirklich logisch und aufrichtig zu sein. Aber die Zusammenfassung der bisherigen Überlegungen läßt nur noch einen Schluß zu, diese Vollkommenheitsansprüche ergeben keinen anderen Ausweg.

Es kann *nur* in Jesus und in ihm allein Rettung sein. Diese Aussage ist so gewaltig und ungeheuerlich, daß sie ebenfalls von keinem Menschen erfunden werden kann. So etwas ist einfach jenseits aller eigenen Vorstellung und in jeder Richtung derartig absolut, daß ein Geschöpf es niemals ahnen oder formulieren konnte, sondern tatsächlich auch nur der offenbaren kann, der selber ewig, unendlich, vollkommen und heilig ist. Dies ist der Prüfstein. So die Bibel mehrere Wege, mehrere Möglichkeiten der Errettung aufzeigt, ist sie nicht mehr Gottes Wort, ist sie in ihrer mathematischen, logischen und moralischen Präzision, die wir bis jetzt einwandfrei erkennen konnten, einfach ebenso total widerspruchsvoll und müßte dementsprechend als Menschenwerk abgetan werden. Aber auch hier hält sie der Überprüfung stand, schließt sie in wunderbarer Harmonie den logischen Kreis.

„Ich bin der Weg, die Wahrheit und das Leben", behauptet der Herr Jesus. Bleiben wir kurz bei dieser Aussage stehen. Die Totalität dieser Ansprüche muß mathematisch logisch ergeben, daß jeder Mensch getrennt von Jesus — und dies trifft von Natur aus für alle zu —, damit auch gleichzeitig auf dem falschen Weg, ohne letzte Wahrheit und ohne geistliches Leben ist. Lehrt das die Bibel? Ist sie auch hierin konsequent?

„Wir gingen *alle* in die Irre" (Jes. 53, 6). „Gott ist wahrhaftig und *alle* Menschen Lügner" (Röm. 3, 4). Die beiden Gegenpole Mensch und Gott wiederum in totaler Konfrontation offenbart. „Auch ihr waret *tot* in euren Übertretungen und Sünden, in welchen ihr vormals gewandelt seid nach dem Lauf dieser Welt, nach dem Mächtigen, der in der Luft herrscht, nämlich, nach dem Geist, der zu dieser Zeit sein Werk hat in den Kindern des Unglaubens. Unter ihnen haben auch wir *alle* einst unseren Wandel gehabt in den Lüsten unseres Fleisches und taten den Willen des Fleisches und der Sinne und waren Kinder des Zornes von Natur, gleichwie auch die andern“ (Eph. 2, 1—3). Demütigend, aber völlig richtig. Wörtlich folgert Paulus an einer anderen Stelle, zieht er sozusagen den richtigen Schlußstrich, wenn er schreibt: „... wir halten dafür, daß, wenn *einer* für *alle* gestorben ist, so sind sie *alle* gestorben“ (2. Kor. 5, 14 b).

Und mit der gleichen logischen Präzision und Selbstverständlichkeit sagt die nächste Zeile von Johannes 14, 6, muß sie es sagen, als Resultat dieser absoluten Aussagen: „Niemand kommt zum Vater denn durch mich.“ Die „Mathematik“ der Bibel ist fehlerlos.

Auch ist dies ein Prüfstein, ob jemand Gott wirklich persönlich erkannt hat, oder ob er nur irgendwie religiös aktiviert ist. Der religiöse Mensch nämlich weigert sich, gerade dies anzunehmen, mag er noch so fromm tun und vorgeben, der Heiligen Schrift zu glauben. Ohne den Heiligen Geist, und ihn hat nun mal nur der echt Wiedergeborene und wirklich Gläubige, wird er sich mit tausend Argumenten gerade gegen diese Aussagen zur Wehr setzen. Jesus sagt selbst, daß dies nur der Geist Gottes lehren kann[14].

Ohne die wahre Begegnung mit dem ewigen Gott ist der religiöse Mensch auf seine eigenen Relativismen geworfen. Er hat keinen echten Begriff von Sünde, Gerechtigkeit und Heiligkeit, und folglich kann es auch ein „braver“ Hindu und Moslem, und relativ gesehen von seiner Warte aus, muß dies auch stimmen, ebenso irgendwie in den Himmel schaffen. Es erübrigt sich, diese Ansicht zu widerlegen. Würde die Bibel etwas Derartiges lehren, dann wäre alles relativiert, ähnlich wie in den Religionen, das Kreuzesopfer wäre sinnlos, und dies ganze absolute Universum als Ausdruck eines absoluten Gottes wäre zerstört. Solche Menschen können gewöhnlich auch mit dem Blute Jesu Christi wenig anfangen, da dieses nun einmal die völlige, stellvertretende Gerechtigkeit und Rechtfertigung allein bewirkt. Sie sind ja letzten Endes eben wegen ihrer frommen Religion Selbsterlöser und bewußt wie unbewußt Selbstgerechte. Im 1. Petrusbrief, Kapitel 4, Vers 3, zeigt der Herr, wie er die Dinge sieht. Ein heiliger Gott, und dies ist nun wirklich einleuchtend, hat natürlich einen anderen Wertmaßstab.

Und so formuliert es auch derselbe Petrus wiederum ganz unausweichlich kategorisch wie absolut: „In *keinem* andern ist das Heil, ist auch kein anderer Name unter dem Himmel den Menschen gegeben, in welchem sie errettet werden müssen" (Apg. 4, 12). Man beachte das Wort keinem. Es ist also eine Person, wie bereits gesagt, die uns rettet. Vers 8 desselben Kapitels zeigt, warum Petrus diese Aussage so richtig treffen konnte. Er war voll Heiligen Geistes, der allein solche Tatsachen lehrt. Es erübrigt sich fast zu sagen, daß dementsprechend Menschen ohne den Geist Gottes bzw. Geistesfülle viele Namen oder Möglichkeiten gelten lassen, die Rettung vermitteln sollen.

Da auch die meisten Christen gewöhnlich nicht in völliger Hingabe zu Gott leben, die allein ein Erfülltsein mit dem Geist Gottes bewirkt — man hat sich daran gewöhnt, wir wollen es hier ganz ungeschminkt sagen, Gott nicht zu gehorchen —, ist man gerne bereit, irgendwelchen Märchen Gehör zu schenken, die weitere Errettungsmöglichkeiten anbieten, oder anderen Fabeln zu vertrauen. Dies ist eine Entwicklung, die Gottes Wort voraussagt[15].

Tief versteckt in unserem Herzen hegen wir die frommen Wunschgedanken, es wird am Tage des Gerichts doch irgendwie schon gut ausgehen. Die Bibel warnt uns, daß es eben nicht gut gehen wird. „Denn es ist Zeit, daß anfange das Gericht an dem Hause Gottes. Wenn aber zuerst an uns, was will's für ein Ende nehmen mit denen, die dem Evangelium Gottes nicht glauben? Und wenn der Gerechte kaum gerettet wird, wo will der Gottlose und Sünder erscheinen?" (1. Petr. 4, 17. 18).

Kann man es noch deutlicher sagen? Wenn der Gerechte kaum gerettet wird, und Gottes Wort setzt Heiligkeit mit Gerechtigkeit gleich, woher nehmen wir dann die vielen Entschuldigungen? Man weiß nämlich ganz genau, wenn dies alles stimmt, dann gilt der Missionsbefehl nicht nur für ein paar Auserwählte, sondern für „*alle*". Dann wäre es höchste Zeit sich zu ändern, Buße zu tun und sich Gott völlig auszuliefern. Doch gerade das wollen wir ja nicht tun. Daher die vielen Entschuldigungen. Daher sind wir auch gerne bereit, innerlich dem alten Heurigenlied beizupflichten: „Wir kommen alle, alle in den Himmel" (vertonte Allversöhnung). Die Bibel lehrt es jedenfalls nicht.

„Wer an den Sohn glaubt, der hat das ewige Leben. Wer dem Sohn nicht glaubt, der wird das Leben nicht sehen, sondern der Zorn Gottes *bleibt* über ihm" (Joh. 3, 36). Wir sind somit von Natur aus unter dem Zorn, wie wir auch im Epheserbrief gelesen haben. So diesen Zorn nicht Jesus für uns trägt, müssen wir ihn tragen. Die Absoluta der Bibel geben keine andere Alternative, können sie auch nicht ergeben.

Unser Universum hat der lebendige Gott geschaffen.

Auch wenn alle Menschen das Gegenteil behaupten, sich diesem Absolutheitsanspruch Jesu nicht beugen — und es beugen sich auch nur die wenigsten[16] —, so werden wir trotz aller theologischer, moralischer und sonstiger Anstrengungen Gott und sein Universum nicht ändern. „Oder wollen wir Gott trotzen? Sind wir denn stärker als er?“ (1. Kor. 10, 22).

Tozer kann zu Recht sagen[17]: „Die geläufige Vorstellung von Gott in diesem 20. Jahrhundert ist so dekadent, daß sie völlig jenseits der Würde des allmächtigen Gottes ist. Der Verlust des Empfindens der Majestät Gottes bewirkte den Verlust der Ehrfurcht und des Bewußtseins der göttlichen Gegenwart.“

Der einzige Mittler: Jesus

Wiederum erübrigt es sich zu sagen, daß es nur einen Mittler zwischen Gott und den Menschen geben kann. Bei einer relativen Schau sind zwar viele Mittler möglich, und unsere religiöse Welt leidet daran auch keinen Mangel, aber es ist einleuchtend, daß diesen unendlichen, ewigen Abgrund der Verlorenheit auch nur einer überbrücken kann. Einer, der selber unendlich und ewig ist. Dies trifft nun für Jesus zu[18].

Er ist Mensch und Gott zugleich, und sein vergossenes Blut allein macht es möglich, ja es ist die Garantie, daß wir uns einem heiligen Gott nahen dürfen, wie denn geschrieben steht: „Weil wir nun, liebe Brüder, durch das Blut Jesu die Freiheit haben zum Eingang in das Heilige, welchen er uns bereitet hat als neuen und lebendigen Weg durch den Vorhang, das ist durch sein Fleisch ...“ (Hebr. 10, 19. 20). Konsequenterweise heißt es auch: „Denn es ist *ein* Gott und *ein* Mittler zwischen Gott und dem Menschen, nämlich der Mensch Christus Jesus, der sich selbst gegeben hat für *alle* zur Erlösung" (1. Tim. 2, 5. 6).

Wieder verblüfft die mathematische und logische Präzision der Bibel. Alle anderen Versuche, Gott zu erreichen, sind naturwissenschaftlich gesprochen, sinnlos. Es ist einfach unmöglich, sich dem ewigen Gott anders zu nahen. So der Fall des Menschen zutrifft, der alle ewig verdammt, kann es nur einen Retter und einen Mittler geben. Dies ist allerdings so zwingend, es bedarf keiner großen Erläuterungen mehr, um bewiesen zu werden. Und so steht auch geschrieben: „Denn durch ihn (Jesus) haben wir den Zugang alle beide (Juden wie Heiden) in einem Geist zum Vater" (Eph. 2, 18).

Die einzige Heilsbotschaft

Im Sinne dieser Absolutheit (ein Name, der allein rettet, ein Erlöser, ein Mittler, ein Weg usw.) ist es leicht einzusehen, daß es auch nur eine Heilsbotschaft geben kann. Lehrt dies Gottes Wort? „Mich wundert, daß ihr euch so bald abwenden lasset von dem, der euch berufen hat in die Gnade Christi, zu einem andern Evangelium, obwohl es doch *kein* anderes gibt" (Gal. 1, 6. 7).

Da es hier um Ewigkeiten geht, um Leben oder Tod, ewige Verdammnis oder ewige Seligkeit, muß, jetzt in moralischer Totalität gesprochen, auch geschrieben stehen: „Wenn jemand euch ein anderes Evangelium predigt, als ihr es empfangen habt, der sei verflucht" (Gal. 1, 9). Ein hartes Wort, aber aus unendlicher Perspektive gesehen, richtig und konsequent.

Da dieser Gott so heilig und vollkommen ist, so unfaßlich ewig und perfekt in jedem Sinne, kann dementsprechend nichts vor ihm bestehen, das in dieses Koordinatensystem der Unendlichkeit und Absolutheit nicht hineinpaßt. Für den natürlichen Verstand ist das nur sehr schwer zu akzeptieren. Doch bei genauerer Überlegung bleibt keine andere Wahl, auch wenn es persönlich hart sein mag. Wiederum ist dies etwas so Gewaltiges, daß kein menschliches Gehirn dies nur zu denken wagte. Doch genau das lehrt uns Gottes Wort.

Es ist einleuchtend, daß alle diese Absoluta in ihm, dem ewigen Gott selbst ruhen. Und mit messerscharfer Logik steht geschrieben: „Ohne mich könnt ihr nichts tun" (Joh. 15, 5). Solches sagt uns der Herr Jesus, nachdem er vorher uns mehrmals ermahnt, ja in ihm zu bleiben. Vielleicht wissen wir auch jetzt, warum diese Stellung so wichtig und entscheidend ist. Wir können sehr viel tun, aber es muß hier gesagt werden, wie schön, wie fromm, wie religiös es auch sein mag, was außerhalb von Jesus geschieht, wird in der Ewigkeit vor dem vollkommenen Gott nicht bestehen können. Und das heißt dieser unerhörte Satz auch wörtlich: „Was ihr ohne mich tut, gilt nicht." Vernichtend für jede natürliche Vorstellung, in dieser Kalkulation der Absoluta jedoch von ehrfurchtsgebietender Präzision, die erneut beweist, daß der wahre Autor der Bibel der ewige und unendliche Gott ist, der allein, wie eben auch sein Wort, nie fehlt.

Fassen wir kurz zusammen: Der Fall des Menschen fordert die ewige Verdammnis, fordert die Behauptung:

„Ehe denn Abraham ward, bin ich", fordert den Ausruf: „Es ist vollbracht", fordert die Aussage: „Ohne mich könnt ihr nichts tun." Die mathematische Beweiskette ist lückenlos dargelegt.

Kapitel VII

Die absolute Liebe Gottes

Aspekte der wahren Liebe

So absolut dieser Herr in seiner Heiligkeit und Gerechtigkeit ist, so unendlich ist er auch in seiner Liebe. Und auch hier zeigt uns die Bibel in einmaliger Weise, in wunderbarer Logik und noch wunderbareren Worten den ewigen Herrn, der uns grenzenlos liebt. „Mit ewiger Liebe habe ich dich geliebt; darum habe ich dich zu mir gezogen aus lauter Güte“ (Jer. 31, 3), sagt Gott zu seinem Volk Israel. Diese unsichtbare Realität der Liebe beweist er sichtbar vor unseren Augen, wie uns der zehnte Vers verrät.

Die wahre Liebe möchte alles schenken[1], und die unendliche Liebe gibt sich ganz, und diese Totalität schließt somit das Leben selbst ein. Im herrlichen Gleichklang mit dieser Folgerung steht geschrieben: „Niemand hat größere Liebe denn die, daß er sein Leben läßt für seine Freunde. Ihr seid meine Freunde, wenn ihr tut, was ich euch gebiete“ (Joh. 15, 13. 14). Vielleicht erahnen wir die Sehnsucht der Liebe Gottes, die er am Kreuz offenbart, die wir erfahren dürfen, wenn wir gehorchen.

Die wahre Liebe macht sich ebenfalls völlig abhängig von dem Geliebten. Die Heilige Schrift offenbart diese göttlichen Wahrheiten und Grundprinzipien an dem Leben unseres Herrn und seinen Jüngern. In völliger Harmonie mit allem, was bisher gesagt wurde, behauptet der Herr Jesus von sich: „Der Sohn kann nichts von sich selber tun, sondern was er sieht den Vater tun" (Joh. 5, 19), und der Apostel Paulus schreibt: „Denn ich wollte nicht wagen, von etwas zu reden, das Christus nicht durch mich gewirkt hat" (Röm. 15, 18). Solch eine Liebe vertraut einfach restlos, und dies wird uns wiederum als Definition des biblischen Glaubens gegeben[2].

Die wahre Liebe gehorcht, kennt somit keinen Eigenwillen. „Jesus spricht zu ihnen: Meine Speise ist die, daß ich tue den Willen des, der mich gesandt hat und vollende sein Werk" (Joh. 4, 34). Von Paulus heißt es: „Aber ich achte für mich selbst mein Leben keiner Rede wert, wenn ich nur vollende meinen Lauf" (Apg. 20, 24).

Die wahre Liebe möchte nur den anderen verherrlichen. „Ich habe dich verherrlicht auf Erden und vollendet das Werk, das du mir gegeben hast, daß ich es tun sollte" (Joh. 17, 4), sagt unser Herr. „Wie ich sehnlichst warte, daß ... Christus verherrlicht werde an meinem Leibe, es sei durch Leben oder Tod" (Phil. 1, 20), schreibt der Apostel.

Die wahre Liebe sucht nicht eigene Ehre. „Ich suche nicht meine Ehre" (Joh. 8, 50), sagt Jesus, und Paulus erklärt: „Wenn ich den Menschen noch gefällig wäre, so wäre ich Christi Knecht nicht" (Gal. 1, 10). Sie sucht nicht eigene Wege. „Denn ich suche nicht meinen Willen, sondern den Willen des, der mich gesandt hat" (Joh. 5, 30), kann Christus von sich sagen. Im Korintherbrief lesen wir: „... meine Wege, die in Christus Jesus sind" (1. Kor. 4, 17).

Die wahre Liebe möchte für den anderen leben. „... aber die Welt soll erkennen, daß ich den Vater liebe und tue, wie mir der Vater geboten hat“ (Joh. 14, 31), sagt Jesus. „Denn Christus ist mein Leben, und Sterben ist mir Gewinn“ (Phil. 1, 21), ruft der Apostel. Weil dieser Mann in so einer völligen Hingabe an den Herrn lebte[3], konnte ihm Gott auch andere Absoluta seiner unendlichen Liebe offenbaren[4].

Wir erkennen, wie Glaube, Liebe und Gehorsam eine wunderbare Einheit sind und bilden, wie es auch immer wieder in einfachen aber gewaltigen Worten gesagt wird: „Wenn ihr meine Gebote haltet, so bleibet ihr in meiner Liebe, gleichwie ich meines Vaters Gebote halte und bleibe in seiner Liebe“ (Joh. 15, 10).

Die wahre Liebe respektiert und ehrt, was der andere gesagt hat. „Denn ich habe nicht von mir selber geredet; sondern der Vater, der mich gesandt hat, der hat mir ein Gebot gegeben, was ich sagen und reden soll“ (Joh. 12, 49), behauptet unser Herr, und Paulus schreibt: „Lasset das Wort Christi reichlich wohnen in euch“ (Kol. 3, 16). Im Sinne dieser Absoluta und völligen Abhängigkeit von Jesus, steht wiederum richtig geschrieben: „Alle eure Dinge lasset in der Liebe geschehen“ (1. Kor. 16, 14). Alles soll damit in Jesus geschehen, in dieser Wahrheit, in Gott also[5], und diese Einheit kann nur die völlige Liebe bewirken.

Die wahre Liebe befreit im echtesten Sinne. „Und werdet die Wahrheit erkennen, und die Wahrheit wird euch frei machen“ (Joh. 8, 32). Im Gegensatz dazu muß Lüge knechten, und in der Folge dieser Unendlichkeiten genügt bereits eine Sünde, um uns zu Sklaven zu machen. „Wahrlich, wahrlich, ich sage euch: Wer Sünde tut, der ist der Sünde Knecht. Der Knecht aber bleibt nicht ewiglich im Haus; der Sohn bleibt ewiglich“ (Joh. 8, 34. 35). Auch hier wieder die Folgerichtigkeit der

Totalitäten. Der Sohn, der Schöpfer, ist ewig, der Knecht, das Geschöpf, ist vergänglich.

Die wahre Liebe kann ihre erste Liebe[6] nicht vergessen, und deshalb steht geschrieben: „Israel, ich vergesse dich nicht“ (Jes. 44, 21). Sie verläßt nicht[7], und weil ihre Quelle der ewige Gott ist, hört sie auch nie auf[8]. So wir uns mit ihm verbinden[9], bekommen wir ewiges Leben. „Wahrlich, wahrlich, ich sage euch: Wer an mich glaubt, der hat das ewige Leben“ (Joh. 6, 47), und im Einklang mit dem oben erwähnten Gehorsam: „Wahrlich, wahrlich, ich sage euch: So jemand mein Wort wird halten, der wird den Tod nicht sehen ewiglich“ (Joh. 8, 51). Es sind gewaltige Worte, aber die Liebe zu einem Ewigen kann nichts anderes bedeuten — man verzeihe die Formulierung —, rein mathematisch gesprochen, nichts anderes ergeben.

Die wahre Liebe sehnt sich nach Gemeinschaft, und unendliche Liebe möchte völliges Einssein[10]. Liebe ist ohne persönliches Gegenüber in sich selbst unmöglich. Ewige Liebe verlangt ein ewiges Gegenüber, und dies erklärt und ergibt die oft mit so viel Geheimnistuerei umgebene Dreifaltigkeit oder Trinität. „Ich und der Vater sind eins“ (Joh. 10, 30), sagt der Herr Jesus, und sein Jünger Paulus schreibt: „Ich lebe; doch nun nicht ich, sondern Christus lebt in mir. Denn was ich jetzt lebe im Fleisch, das lebe ich im Glauben (also in der vollkommenen Abhängigkeit; deswegen auch vollkommenes Einssein, weil vollkommener Gehorsam) an den Sohn Gottes, der mich geliebt hat und sich selbst für mich dargegeben“ (Gal. 2, 20). Hier haben wir Absoluta in unvergleichlicher Übereinstimmung.

Es ist möglich, diese Nachfolge im Glauben[11], wie der Herr mit seinem Leben und seinen Jüngern beweist.

So wir uns echt Jesus anvertrauen beginnt der wahre Glaube, und in dieser wunderbaren Abhängigkeit erfahren wir die Fülle Christi, wie denn auch geschrieben steht: „Wer aber dem Herrn anhanget (sich von ihm abhängig macht, ihm vertraut, ihm glaubt), der ist ein Geist mit ihm“ (1. Kor. 6, 17). Und weiter heißt es: „Denn welche der Geist Gottes treibt, die sind Gottes Kinder“ (Röm. 8, 14), sollen wir doch tagtäglich in diesem Glauben bleiben und wachsen[12], denn „Ihr seid alle Gottes Kinder durch den Glauben an Christus Jesus“ (Gal. 3, 26).

In fehlerloser Vollkommenheit offenbart die Heilige Schrift die wahre Natur und die wahren Aspekte der wahren Liebe, gekrönt durch die berühmten Worte: „Denn also hat Gott die Welt geliebt, daß er seinen eingeborenen Sohn gab, auf daß alle, die an ihn glauben, nicht verloren werden, sondern das ewige Leben haben“ (Joh. 3, 16). Diese grenzenlose Liebe gibt, schenkt sich selbst. Wir können diesen herrlichen Herrn des Universums als Geschenk erhalten, so wir ihn echt haben wollen[13].

Im Hohelied Salomos steht geschrieben: „Denn Liebe ist stark wie der Tod und Leidenschaft unwiderstehlich wie das Totenreich. Ihre Glut ist feurig und eine Flamme des Herrn, so daß auch viele Wasser die Liebe nicht auslöschen und Ströme sie nicht ertränken können. Wenn einer alles Gut in seinem Hause um die Liebe geben wollte, so könnte das alles nicht genügen“ (8, 6. 7). Wir sehen hier wieder, wie das Unsichtbare von dem Sichtbaren nicht aufgewogen werden kann.

Der Tod wurde durch ein Geschöpf, dem Widersacher Gottes also, in unser Universum gebracht. In dem Kapitel über das Kreuz wurde gezeigt, warum Jesus sterben mußte. Dennoch war sein Tod völlig freiwillig, wie unser Herr selber sagt: „Darum liebt mich mein Vater, weil ich mein Leben lasse, auf daß ich's wieder nehme. Niemand nimmt es von mir, sondern ich lasse es von mir selber. Ich habe Macht es zu lassen, und habe Macht es wiederzunehmen" (Joh. 10, 17. 18). Jesu Tod war also ein einmaliges Ereignis, ein heiliger Tod.

Als er starb, begrub der ewige Schöpfer die Todesgewalt des feindlichen Geschöpfes unter sich, zerschlug sein heiliger Tod die Kraft des sündigen Todes, siegte seine allumfassende Liebe über die brutale Gewalt der ewigen Verdammnis, wie auch geschrieben steht: „Der Tod ist verschlungen in den Sieg. Tod, wo ist dein Stachel? Hölle, wo ist dein Sieg?" (1. Kor. 15, 55). Und obwohl es im Hohenlied heißt, daß Liebe stark wie der Tod ist, kann jetzt der Apostel Paulus triumphierend die unvergleichlichen Worte schreiben: „Aber in dem *allem* überwinden wir weit durch den, der uns *geliebt* hat. Denn ich bin *gewiß*, daß weder *Tod* noch *Leben*, weder Engel noch Fürstentümer noch Gewalten, weder Gegenwärtiges noch Zukünftiges, weder Hohes noch Tiefes (man beachte die Verquickung der zeitlichen mit der räumlichen Dimension) noch keine andere Kreatur kann uns scheiden von der *Liebe* Gottes, die in Christus Jesus ist, unserm Herrn" (Röm. 8, 37—39).

Also *nichts* Geschaffenes der sichtbaren und unsichtbaren Welt kann uns dem ewigen Schöpfer entreißen, vorausgesetzt natürlich, daß wir uns ihm völlig anvertraut haben. Es ergibt dies eine persönliche, fast möchte man sagen, mathematische Gewißheit. Wahrlich, die Liebe Christi allein ist stärker als der Tod. Sie ist die größte Kraft im ganzen Universum[14].

Die absolute Neuschöpfung

Wir haben gesehen, daß Gott seine Prinzipien nie ändert, weil sie Absoluta sind. Deswegen hat er mit uns auch so viele Schwierigkeiten und muß oft schwere Wege mit uns gehen, bevor er uns retten bzw. segnen kann, da wir so wenig bereit sind zu gehorchen. Das Kreuz offenbart nun am eindrucksvollsten das absolute Handeln Gottes.

Religion versucht das Alte, den gefallenen Menschen zu verbessern, und man scheut hierin oft keine Mühe. Wir haben erkannt, daß dies sinnlos ist, und Gottes Wort erklärt es auch für unmöglich[15]. Wir können diesen unendlichen Gott nicht erreichen, aber er kommt in Jesus zu uns und zieht uns jetzt in seine Dimension, wie es auch geschrieben steht[16]. Alles, was für Jesus gilt, an ihm geschehen ist, vollzieht sich nun bei dieser Identifikation mit Christus geistlich an uns[17]. Die alte, gefallene Natur wird völlig hinweggetan[18], und Gott beginnt eine neue Schöpfung.

„Darum, ist jemand in Christus, so ist er eine neue Schöpfung; das Alte ist vergangen, siehe, es ist *alles* neu geworden“ (2. Kor. 5, 17). Es wird also der ganze Mensch erfaßt und es handelt sich demzufolge nicht um ein psychologisches Phänomen oder irgendwelche Autosuggestionen, die verklingen, wie mancher Weltweiser eifrig bereit ist zu erklären, sondern um eine echte Neuschöpfung. Eine wahre Wiedergeburt, wie dies auch genannt wird[19], bleibt, sie hält an, letztlich bis in alle Ewigkeit.

Vor einem heiligen Gott kann nur das bestehen, was dieser neuen Schöpfung allein angehört, was durch das

Kreuz umgestaltet wurde, wie auch geschrieben steht: „Denn in Christus Jesus gilt weder Beschneidung noch Unbeschnittensein etwas (also religiöses Zeremoniell oder traditionelle Anstrengung), sondern eine neue Kreatur“ (Gal. 6, 15). Alles andere ist ewig verloren.

Jesus hat das ganze Gericht getragen. Der vollkommene Gott verlangt nun eine völlige Übergabe[20], und wer vor diesem einmaligen Kreuz, dieser unverhüllten Offenbarung seiner unendlichen Schuld, echt kapituliert, der wird mit Jesus Christus völlig eins, den kann nun Gott mit seiner ganzen Liebe erfüllen. Hier geht diese Gleichung zwischen Geschöpf und Schöpfer wunderbar auf. Im Augenblick der ganzen Hingabe an den Unendlichen treffen sich die Absoluta in diesem Kreuz, und aus ewiger Verdammnis wird ewige Herrlichkeit. Diesen Akt der Neuschöpfung kann Gott an uns nur vollziehen, so wir ihn freiwillig darum bitten. Wir als Geschöpfe können dies begreiflicherweise nie mit eigener Kraft bewirken.

So der Fall des Menschen, „Es ist vollbracht“, „Ohne mich könnt ihr nichts tun“ und „Ehe denn Abraham ward, bin ich“, gilt, haben wir rein mathematisch gesprochen, keine andere Wahl. Es muß geschrieben stehen: „Wer Christi Geist nicht hat, der ist nicht sein“ (Röm. 8, 9). Und Christi Geist erhält man nur über die Hingabe an Jesus, über dieses Kreuz. Wir *können* eben nicht in das Reich Gottes kommen, wie unser Herr sagt[21], wenn wir nicht von neuem geboren sind.

Der Ring der Absoluta, die Gleichung der Unendlichkeiten schließt sich in fehlerloser Präzision mit dem Evangelium von Jesus Christus, mit dieser Botschaft vom Kreuz, findet seinen logischen Abschluß in der

Neuschöpfung Gottes an uns Menschen. Eine Neuschöpfung, die jeder erfahren hat, der Jesus Christus vertraute, das Kreuz von Golgatha bejahte. Auch der Autor dieses Buches kann dies bezeugen. Das Evangelium ist die gewaltigste Botschaft aller Zeiten. Absolut in jedem Sinne. „Siehe, ich mache alles neu“ (Offb. 21, 15). Von dem lebendigen Gott könnte auch nichts anderes geschrieben stehen. Die Offenbarung und Handlungsweise des Ewigen ist in seinem Wort lückenlos dargelegt.

Kapitel VIII

Die Offenbarung des absoluten Gottes

Das Prinzip einer Offenbarung

Was ist nun eine Offenbarung? In allen Religionen projiziert der gefallene Mensch seine natürlichen Vorstellungen und relativen Begriffe auf Gott, wie bereits gesagt wurde. Denken wir nur an die Götterwelt der Griechen. Man erkennt, wie alles, so z. B. die Moral der Götter, völlig relativiert wurde. In diesem Zusammenhang ist es interessant zu erwähnen, daß die meisten Sekten keine ewige Verdammnis lehren.

„Einige wenige Reste einer ursprünglichen Offenbarung ausgenommen, bezeugen die babylonische, ägyptische, griechische, römische, germanische, keltische, hinduistische und chinesische Kultur einen weitreichenden Untergang aller Begriffe von Wahrheit, Heiligkeit und Gewißheit[1]", schreibt René Pache. Es wurde schon etwas erläutert, weshalb es zu diesem „religiösen Verfall" kam. Man versucht von seiner begrenzten Welt her in die unendliche Dimension Gottes vorzustoßen. Wir haben gesehen, daß allein physikalisch gesprochen, dies unmöglich ist. Es wäre, um bei dem Bild des Lichts zu bleiben, genauso absurd, als versuchte ich die Lichtgeschwindigkeit mit eigener Kraft zu erreichen. Es geht einfach nicht. Demzufolge kommt auch der religiöse Mensch nie zu einer Heilsgewißheit, wie wir bereits gelesen haben.

Wie haben sich doch die Schriftgelehrten und Theologen

zur Zeit Jesu bemüht, mit eigener Kraft in den Himmel zu kommen. Sie machten es sich wirklich nicht leicht. Sie gaben sogar den Zehnten von den Gewürzen[2], aber in Hinblick auf diese physikalische und moralische Unmöglichkeit, sagt der Schöpfer des Universums nur: „Wie wollt ihr der höllischen Verdammnis entrinnen?" (Matth. 23, 33). Gerade in ihrer Selbstgerechtigkeit, also Selbsterlösung, mußten sie zu erbitterten Feinden des wahren Erlösers werden.

Das Gegenteil von Religion ist nun, wenn jemand aus der unsichtbaren Dimension Gottes zu uns kommt, und wir in diesem Sinne ihm gestatten, uns seine Welt zu offenbaren. Genau das sagt nun die Bibel aus: „Und Jesus sprach zu ihnen: Ihr seid von unten her, ich bin von oben her; ihr seid von dieser Welt, ich bin nicht von dieser Welt" (Joh. 8, 23).

Diesen Abgrund der Welten kann nur der ewige *„Ich bin"*, als der sich Jesus im nächsten Vers offenbart, überbrücken. Erkennen wir den Unterschied? Es ist der Unterschied zwischen Evangelium und Religion, zwischen Leben und Tod, Licht und Finsternis, Heilsgewißheit und ständigem sich Bemühen, zwischen „Es ist vollbracht" und guten Werken, zwischen Glauben und Selbstgerechtigkeit, zwischen Offenbarung und Philosophie, zwischen Gottes Wort und Tradition, zwischen Leben aus Gott und totem Zeremoniell[3].

Wenn nun aus der unsichtbaren Welt Gottes der Herr zu Menschen gesprochen hat, liegt eine Offenbarung vor. Und in vollkommener Harmonie mit allem bisher Gesagten, wird ein dementsprechend gewaltiger und wunderbarer Gott beschrieben. Begreiflich, daß sich diese Fülle von Herrlichkeiten und Einmaligkeiten schwer in Worte fassen läßt. Doch wenn Vergleiche und Worte es je anzudeuten vermochten, dann ist es diese majestätische Sicht des Propheten Jesaja. Zu der Zeit, da Sanherib Jerusalem belagert, die Menschen in primitivsten Götzendienst gesunken sind, hat der Prophet diese phantastische Schau. Völlig im Gegensatz zur Göttervorstellung aller anderen Völker, offenbart dieses 40. Kapitel Israels unvergleichlichen Gott.

Der absolute Gott

„Siehe, da ist euer Gott, siehe, da ist Gott der Herr! Er kommt gewaltig, und sein Arm wird herrschen" (9. 10). „Wer mißt die Wasser mit der hohlen Hand, und wer bestimmt des Himmels Weite mit der Spanne und faßt den Staub der Erde mit dem Maß und wiegt die Berge mit einem Gewicht und die Hügel mit einer Waage?" Vers 12 zeigt in für damalige Vorstellung fast unbegreiflichen Worten seine allumfassende Unendlichkeit. „Wer bestimmt den Geist des Herrn, und welcher Ratgeber unterweist ihn?" Vers 13 spricht von seiner unauslotbaren Weisheit und der nächste Vers von seinem ebensolchen Verstand: „Wen fragt er um Rat, der ihm Einsicht gebe und lehre ihm den Weg des Rechts und lehre ihn Erkenntnis und weise ihm den Weg des Verstandes?"

„Siehe, die Völker sind geachtet wie ein Tropfen am Eimer und wie ein Sandkorn auf der Waage. Siehe, die Inseln sind wie ein Stäublein. Der Libanon wäre zu wenig zum Feuer und seine Tiere zu wenig zum Brandopfer. Alle Völker sind vor ihm nichts und gelten ihm als nichtig und eitel." Die Verse 15 bis 17 verraten seine majestätische Größe. „Mit wem wollt ihr denn Gott vergleichen? Oder was für ein Abbild wollt ihr von ihm machen?" Vers 18 betont nochmals des Schöpfers Einmaligkeit wie Unvergleichlichkeit. Die folgenden Zeilen stellen die Torheit der Menschen im Vergleich dazu dar, solch einen ewigen Gott in ihre gewohnte Vorstellungs- und Bilderwelt hineinzupressen. „Der Meister gießt ein Bild, und der Goldschmied vergoldet's und macht silberne Ketten daran. Wer aber zu arm ist für eine solche Gabe, der wählt ein Holz, das nicht fault, und sucht einen klugen Meister dazu, ein Bild zu fertigen, das nicht wackelt" (19. 20).

„Wißt ihr denn nicht? Hört ihr denn nicht? Ist's euch nicht von Anfang an verkündet? Habt ihr's nicht gelernt von Anbeginn der Erde? Er thront über dem Kreis der Erde, und die darauf wohnen sind wie Heuschrecken; er spannt den Himmel aus wie einen Schleier und breitet ihn aus wie ein Zelt, in dem man wohnt; er gibt die Fürsten preis, daß sie nichts sind, und die Richter auf Erden macht er zunichte: Kaum sind sie gepflanzt, kaum sind sie gesät, kaum hat ihr Stamm eine Wurzel in der Erde, da läßt er einen Wind unter sie wehen, daß sie verdorren, und ein Wirbelsturm führt sie weg wie Spreu. Mit wem wollt ihr mich also vergleichen, dem ich gleich sei? spricht der Heilige?" Die Verse 21 bis 25 beschreiben erneut seine Allmacht und Größe in Zeit und Raum.

„Hebet eure Augen in die Höhe und seht! Wer hat dies geschaffen? Er führt ihr Heer vollzählig heraus (gemeint ist die unzählbare Schar der Sterne) und ruft sie alle mit Namen; seine Macht und starke Kraft ist so groß, daß nicht eins von ihnen fehlt." Vers 26 veranschaulicht sozusagen an einem überprüfbaren, sichtbaren Beispiel, den unfaßbaren, grenzenlosen Verstand Gottes.

Zur Zeit Ptolemäus' von Alexandrien und Hipparchs von Nizäa, der damaligen astronomischen Elite — und Ptolemäus' Buch Almagest galt für ca. 1400 Jahre als Standardwerk der Astronomie —, war es eine wissenschaftliche Tatsache, daß es nur 1060 Sterne gibt. Nun sagt Gottes Wort im Propheten Jeremia, daß man des Himmels Heer nicht zählen kann[4]. Diese Aussage stand somit mindestens zwei Jahrtausende lang im direkten Gegensatz zur anerkannten Lehre der astronomischen Schule. Man konnte sich also, unter Berufung auf letzte sternkundliche Feststellungen wirklich genialer Männer, von der Bibel distanzieren, sie sozusagen als wissenschaftlich überholt erklären.

So ähnlich hat man sich auch oft genug verhalten. Die Geschichte der Hethiter, die Schilderung der Stadt Ninive, der Stern von Bethlehem u. a. sind bekannte Beispiele dafür, wie man unter Berufung auf die hohe Bildung die Heilige Schrift zu widerlegen meinte, nur um dann selbst widerlegt zu werden. Und auch in diesem Fall mußte die fortschreitende Wissenschaft der Bibel später recht geben.

Wir wissen heute, daß allein unsere Milchstraße aus rund 100 Milliarden Sonnen besteht. Ein Menschenalter reicht bei weitem nicht aus, um sie zu zählen. Ganz abgesehen davon, daß dieses Universum wieder Milliarden solcher Galaxien enthält. Tatsächlich, man kann des Himmels Heer nicht zählen. Doch Gottes gewaltiger Verstand ruft sie alle mit Namen, wie Jesaja in diesem Vers sagt, und auch der Psalmist schreibt: „Er zählt die Sterne und nennt sie alle mit Namen“ (Ps. 147, 4). Für ptolemäische Begriffe wirklich keine eindrucksvolle Demonstration, im Lichte unserer Erkenntnisse aber, eine fast unglaubliche Aussage.

Wahrlich, solch einen Gott kann sich niemand erfinden. Die Bibel gibt von ihm ein einzigartiges Bild, das jede menschliche Vorstellung von der Gottheit übersteigt. „Denn der Herr ist groß und hoch zu loben ... denn *alle* Götter der Völker sind Götzen; aber der Herr hat den Himmel gemacht" (Ps. 96, 4. 5). Auch hier wird wieder in einwandfreier Gegenüberstellung der schöpferische Gott offenbart, und wir erkennen somit, daß die Verehrung irgendeines Geschöpfes uns sofort zu Götzendienern reduziert. Deren gibt es heute jedenfalls genug, wie denn auch geschrieben steht: „Sie ... die Gottes Wahrheit verwandelt haben in Lüge und haben geehrt und gedient dem Geschöpf statt dem Schöpfer" (Röm. 1, 25).

Mit Recht ruft Jeremia von dem wahren Gott aus: „Aber dir, Herr, ist niemand gleich; du bist groß, und dein Name ist groß, wie du es mit deiner Tat beweist" (10, 6). Und auch mit seinem Wort. Im Gegensatz dazu der auf das Kreatürliche geworfene religiöse Mensch: „Sie sind *alle* Narren und Toren; denn dem Holz dienen ist ein nichtiger Gottesdienst" (Jer. 10, 8).

Von dem wahren Schöpfer steht geschrieben: „Er aber hat die Erde durch seine Kraft gemacht und den Erdkreis bereitet durch seine Weisheit und den Himmel ausgebreitet durch seinen Verstand. *Alle* Menschen aber sind Toren mit ihrer Kunst, und *alle* Goldschmiede stehen beschämt da mit ihren Bildern; denn ihre Götzen sind Trug und haben kein Leben. Aber so ist der nicht, der Jakobs Reichtum ist; sondern er ist's, der *alles* geschaffen hat, und Israel ist sein Erbteil. Er heißt Herr Zebaoth" (Jer. 10, 12. 14. 16). Es sind dies alles Dinge, die wir in unserem tiefsten Herzen als Wahrheit erkennen, nur hindern uns oft unsere religiösen Traditionen und Vorurteile, es offen und ehrlich zuzugeben.

Es ist klar, daß dieser unendliche Herr des Himmels und der Erde, dieser unvergleichliche Träger und Erhalter unseres Universums, auch mit der schönsten Zauber- oder Umwandlungsformel nicht in ein Stück Materie verwandelt werden kann, wie dies bei einigen „christlichen" Zeremonien vorgegeben wird. Im Sinne dieser Unendlichkeiten rein physikalisch jenseits aller Diskussion. Gott ist Geist[5]. Zu Recht sagt Jeremia: „Wie kann ein Mensch sich selbst Götter machen, das sind ja gar keine Götter" (16, 20).

Und wiederum steht universell richtig von dem wahren Gott geschrieben: „Gott, der die Welt gemacht hat und alles, was darinnen ist, er, der Herr des Himmels und der Erde, wohnt nicht in Tempeln von Händen gemacht; ihm wird auch nicht von Menschenhänden gedient, als ob er etwas bedürfte, da er ja selbst allem Leben und Odem und alles gibt" (Apg. 17, 24. 25). Auch hier ist es oft nur eine religiöse Erziehung, die den Menschen daran hindert, diese einfachen physikalischen und biblischen Grundwahrheiten zu akzeptieren.

Diese beispielslose Herrlichkeit Gottes, von der Jesaja redet, beziehen die Evangelisten nun direkt auf Jesus Christus[6]. Kein Wunder also, daß Johannes schreibt: „Und von seiner Fülle haben wir alle genommen Gnade um Gnade" (Joh. 1, 16). Es muß hier auch erwähnt werden. Jesus ist nicht nur absolut in seiner Heiligkeit und Liebe, er ist auch unendlich in seiner Majestät, Macht, und er ist von unbeschreiblicher Herrlichkeit. Jesus ist über alle Maßen schön und wunderbar. Er ist der wahre König aller Könige und Herr aller Herren. Ihm ist nichts gleich. Er ist die Superlative in jeder Beziehung. Welch ein gewaltiger Schöpfer ist es doch, der uns einlädt, ihn kennenzulernen, der für uns am Kreuz starb. „Zu erkennen das Geheimnis Gottes, das Christus ist, in welchem verborgen liegen *alle* Schätze der Weisheit und Erkenntnis“ (Kol. 2, 2. 3). Worte können es einfach nicht fassen, aber dieser herrliche Erlöser darf erfahren werden.

Aussagen des Apostel Petrus über Relativa und Absoluta

Wir wollen hier einen kurzen Einschub vornehmen. In seinem zweiten Brief erklärt der Apostel, daß vor Gott ein Tag wie tausend Jahre und tausend Jahre wie ein Tag sind (3, 8). Fast noch bestechender wird diese Relativität alles Zeitlichen von dem Psalmisten zum Ausdruck gebracht, wenn er schreibt: „Denn tausend Jahre sind vor dir wie der Tag, der gestern vergangen ist, und wie eine Nachtwache“ (90, 4). Die Relativitätstheorie kann solche Aussagen nur voll bestätigen.

Diese Formulierungen sind allein vom Standpunkt der Physik höchst interessant, da wir ja eingangs erwähnt haben, daß die Zeit für verschieden schnell bewegte Beobachter verschieden abläuft. Mathematisch ausgedrückt, wird damit gesagt, daß Gott einfach einem anderen Bezugssystem angehört, in dem nun alle Koordinaten ewig und absolut sind.

Bekanntlich hat das Einsteinsche Äquivalenzprinzip von Masse und Energie, $E = m \cdot c^2$, also Energie ist gleich der Masse mal Lichtgeschwindigkeit zum Quadrat, die Entwicklung der Atombombe ermöglicht. Während nun Petrus im neunten Vers die Geduld Gottes offenbart, die noch immer auf die bußfertige Umkehr des Sünders wartet, spricht der Apostel von eben dieser Atombombe im zehnten Vers. Gerade diese Stelle wurde oft belächelt, heißt doch Atom wörtlich unteilbar.

Man wußte, daß Elemente ihren Aggregatzustand ändern, aber nicht zerfallen können. Man sprach von echt orientalischer Übertreibung und meinte wiederum einmal, die Bibel wissenschaftlich widerlegt zu haben. Der griechische Text sagt nämlich wörtlich, daß die Elemente in Hitze zerfallen werden. Man lächelte, bis, ja, bis zur Zündung der ersten Atombombe. Elemente zerfallen in der Fissionsbombe tatsächlich, z. B. Uran in Krypton und Barium oder Xenon und Strontium, und Energie u. a. auch in Form von Hitze wird frei. Eine unerhörte Aussage des Petrus.

Wir erkennen sicher das geistliche Prinzip: Die Elemente, die Bausteine der sichtbaren Welt, liefern keine bleibende Grundlage. Deswegen ist auch das Fundament der wahren, unsichtbaren, somit bleibenden Kirche ebenfalls unsichtbar, wie es auch Gottes Wort bestätigt[7]. Es ist der unsichtbare, ewige Herr Jesus, wie uns derselbe Petrus in seinem ersten Brief eindeutig sagt[8]. So ein Geschöpf diese Basis der Ewigkeit abgeben sollte, es wäre, rein mathematisch gesprochen, ein völliger Unsinn, abgesehen davon, daß es auch die Bibel klar ausschließt[9].

Was nun für die klassische Physik ein absolutes und ewiges Fundament bedeutet hat, zerfällt sozusagen buchstäblich vor unseren Augen. Wie drückt es der Herr Jesus aus? „Himmel und Erde werden vergehen; aber meine Worte werden nicht vergehen“ (Matth. 24, 35). Oder wie derselbe Petrus schreibt: „Denn alles Fleisch ist wie Gras und all seine Herrlichkeit wie des Grases Blume. Das Gras ist verdorrt und die Blume abgefallen; aber des Herrn Wort bleibt in Ewigkeit“ (1. Petr. 1, 24. 25). Ewig bleiben nur unsichtbare Wirklichkeiten, zusammengefaßt in Jesus Christus und in seinem Wort, da er doch selbst das Fleisch gewordene Wort ist[10].

Das absolute Wort

Dies bringt uns konsequenterweise noch zu einem Absolutum, das unbedingt erwähnt werden muß. Es ist das Wort Gottes, die Heilige Schrift selbst. Mit Recht behauptet allein das Alte Testament mehr als 3800mal, daß es Gottes Wort ist, daß Gott — auch das steht im völligen Einklang mit den Eigenschaften einer Person — redet.

Ich glaube, es ist nach allem bisher Erwähnten wirklich einleuchtend, daß die Bibel von sich sagen muß, daß sie in sich völlig abgeschlossen, vollkommen und absolut ist. Alles andere wäre einfach sinnlos. Und so erklärt auch ihr unsichtbarer Autor mit einzigartiger Autorität und Gewalt: „Denn ich sage euch wahrlich: Bis daß Himmel und Erde vergehe, wird nicht vergehen der kleinste Buchstabe noch ein Tüpfelchen vom Gesetz, bis daß es alles geschehe“ (Matth. 5, 18). Für einen Vertreter der klassischen Physik wäre diese Behauptung lächerlich. Unser heutiges Wissen vom Universum verleiht dieser Aussage ebenso naturwissenschaftliche Autorität wie Gewalt.

Gottes Wort muß verbal absolut sein, vom Anfang bis zum Ende. Sonst hätte sich ein vollkommener und absoluter Gott unvollkommen und relativ offenbart. Ein

Widerspruch in sich. Und so sagt es auch der Psalmist: „Das Gesetz des Herrn ist vollkommen und erquickt die Seele“ (Ps. 19, 9). Die Bibel ist der verbale Ausdruck des moralischen Charakters Gottes. Würde sich nur ein Jota ändern, es wäre alles relativiert, und dieses Universum wäre zerstört. Der Herr Jesus erklärt dezidiert: „Und die Schrift kann doch nicht gebrochen werden“ (Joh. 10, 35). Sie beruht auf der Unabänderlichkeit Gottes selbst.

Da er es ist, der unser Universum trägt, ist diese Behauptung praktisch von physikalischer, universeller Konsequenz. Die Schrift kann nicht gebrochen werden. Es geht einfach nicht. Erahnen wir, auf welch verhängnisvolle Basis wir uns begeben, wenn wir Gottes Wort einfach kritisieren und nicht als bindend gelten lassen? Und auf welch tragischem Gefälle schlittert gerade die sogenannte höhere Bibelkritik herum. Trotz höherer Bezeichnung ziemlich tief und abschüssig. Wie sagt doch der unendliche Gott? „Ich sehe aber auf den, der zerbrochenen Geistes ist und der erzittert vor meinem Wort“ (Jes. 66, 2). Es mißfällt das unserer ungebeugten Natur, aber stolze und eingebildete Leute werden in der Ewigkeit bei Gott nicht gefunden werden.

Zu etwas Vollkommenem kann man auch nichts mehr hinzufügen oder wegnehmen. Deswegen muß die Bibel in nun mathematischer Folgerichtigkeit und Logik, sosehr es auch viele Religiöse und liberale Theologen bedauern, bestreiten und ablehnen mögen, gerade davor warnen. Und fast die letzten Worte des letzten Buches der Heiligen Schrift bringen dies unmißverständlich zum Ausdruck[11]. Kein Zufall für die, welche sehen wollen. Kurz, aber völlig richtig heißt es: „Wer weitergeht und bleibt nicht in der Lehre Christi, der hat Gott nicht" (2. Joh. 9). Wenn wir das absolute Wort verlassen, egal in welcher Form, dann verlieren wir den Absoluten.

Mögen wir die Bibel noch so sehr relativieren, nicht mehr wörtlich nehmen, wir können als begrenzte Geschöpfe Unendlichkeiten und Ewigkeiten nicht bleibend oder sonstwie verändern. Wenn auch alle dagegenschreien und eine gottlose wie scheinfromme Menschheit noch so sehr mit den Zähnen knirscht, die Bibel bleibt Gottes unabänderliches Wort. Und so steht uns praktisch zum Gericht geschrieben: „Alle Schrift ist von Gott eingegeben" (2. Tim. 3, 16).

So wie Jesu Kreuzestat einmalig und seine Vergebung ein für allemal ist, so heißt es wiederum als Resultat dieser wunderbaren Parallele: „Daß ihr für den Glauben kämpfet, der ein für allemal den Heiligen übergeben ist" (Judas 3). Das ist, wie alles, was die Bibel sagt, völlig logisch und richtig. Es kann auch nicht anders sein. Wie jämmerlich ist doch im Vergleich all das, was im Laufe der Jahrhunderte als Offenbarung Gottes deklariert wurde. Rein naturwissenschaftlich nicht zu halten[12].

Vielleicht ist es interessant hier zu erwähnen, daß es bis heute noch niemandem gelungen ist, der Heiligen Schrift einen naturwissenschaftlichen Fehler nachzuweisen. Bemerkenswert, wenn man bedenkt, daß ihr letzter Autor vor fast 1900 Jahren starb. Im Sinne der besprochenen Absoluta aber, nur ein weiterer Beweis für die Vollkommenheit des offenbarten Wortes Gottes. Obwohl dieses Buch eine unerhörte intellektuelle Herausforderung ist, gilt für diese Zeit leider: „Siehe, sie halten des Herrn Wort für Spott und wollen es nicht haben" (Jer. 6, 10).

Der relative Verstand im Gegensatz zur absoluten Offenbarung

Es ist einleuchtend, daß die Vollkommenheit der Offenbarung Gottes in seinem Wort von einem begrenzten und relativen Verstand, wie er uns Menschen nun einmal zu eigen ist, nicht erkannt werden kann. Wir haben schon mehrfach erwähnt, daß die Bibel betont, daß sie der natürliche Verstand nicht erfassen kann[13]. Außerdem greift Sünde den Verstand an[14], und dies blockiert völlig das Erkennen eines heiligen Wortes.

Ohne Sünde sind wir erst im Augenblick der gläubigen Annahme des stellvertretenden Opfers Jesu Christi. Dies geschieht durch Buße und damit innerer Hinwendung zum Kreuz. Nur aus dieser Perspektive kann man die Vollkommenheit und Wahrheit der Schrift erkennen. Darum steht auch geschrieben: „... ob ihnen Gott etwa Buße gebe, die Wahrheit zu erkennen" (2. Tim. 2, 25).

Zur Erkenntnis der Absoluta gehört der Absolute. Lehrt dies die Heilige Schrift? Wenn sie konsequent sein will, muß sie auch das behaupten, und nachdem sie nun einmal tatsächlich Gottes unfehlbares Wort ist, sagt sie es wirklich. Im 2. Korintherbrief, Kapitel 3, Vers 14, lesen wir, daß die Menschen eine Decke vor Augen haben. Und Kapitel 4, Vers 4, zeigt uns, daß dieselbe Decke auch die Erkenntnis Gottes wegnimmt. Die Erkenntnis Jesu und seines Wortes geht somit völlig parallel. Und so wie der Herr Jesus Mensch und ohne Sünde und gleichzeitig Gott ist, so ist auch die Heilige Schrift von Menschen verfaßt und dennoch fehlerlos, weil gleichzeitig von Gott geschrieben.

Wir haben früher gesagt, daß der Tempelvorhang, diese

Decke also, erst durch Jesu Kreuzestat zerriß. Die Bibel erklärt begreiflicherweise den natürlichen Menschen blind für die Realitäten der unsichtbaren Welt[15], und er klammert sich dementsprechend immer an etwas Sichtbares[16], wie sichtbare Organisationen und sichtbare Einheit und Vereinigung, was aber nie helfen kann. Die Decke nimmt uns Jesus nur von den Augen, wenn wir zum Kreuz kommen[17], das heißt, unsere Schuld eingestehen und Christi Sühnetat ganz persönlich in Anspruch nehmen. Gott redet zu uns durch sein Wort nur über das Kreuz, also diese innere Haltung des Zerbruchs. Es wurde bereits erklärt, wie sich dort die Ewigkeiten treffen. Der Absolute offenbart sein absolutes Wort über diese absolute Kreuzestat, die auf menschlicher Seite absolute Vergebung allein bewirkt. Wie geschrieben steht: „Denn das Wort vom Kreuz ist eine Torheit denen, die verloren werden; uns aber, die wir selig werden, ist's eine Gotteskraft ... Denn weil die Welt durch ihre Weisheit Gott in seiner Weisheit nicht erkannte, gefiel es Gott wohl, durch törichte Predigt zu retten, die daran glauben" (1. Kor. 1, 18. 21). Die Konsequenz der Bibel ist von faszinierender Brillanz.

Alle Bibelkritik geht auf einen Verstand zurück, der von dem Ewigen, der Wahrheit, Jesus Christus, getrennt ist. „Schulgezänke solcher Menschen, die zerrüttete Sinne haben und der Wahrheit beraubt sind, die da meinen, Frömmigkeit sei ein Gewerbe" (1. Tim. 6, 5), wurde bereits zitiert. Wir haben gesehen, wie die Beziehung zwischen Jesus Christus und seinen Nachfolgern auf der Grundlage der Liebe besteht, und Liebe kann man nicht wie ein Handwerk oder Studienfach erlernen. Dort wo „Liebe" zum Gewerbe wird, spricht man gewöhnlich von Hurerei. Kein Wunder also, daß unsere liberalen Theologen die neue Moral entdeckten. Und sexuelle Sünden zerrütten die Sinne, den Verstand, ganz besonders[18].

Da nur die innere Bejahung des Kreuzes uns mit der Wahrheit verbindet, steht geschrieben: „... daß ihr eure Leiber gebet zum Opfer, das da lebendig, heilig und Gott wohlgefällig sei. Das sei euer *vernünftiger* Gottesdienst“ (Röm. 12, 1). Vernünftig in eigentlichster Bedeutung werden wir erst durch die Hingabe an Jesus, dem Logos also. Je mehr wir von Christus erfaßt sind[19], desto besser und tiefer erkennen wir Gottes Wort. Je größer unsere Hingabe, desto vernünftiger, desto logischer sind wir im absoluten Sinne.

Kapitel IX

Die Flucht vor dem absoluten Gott

Der allwissende Gott

Fassen wir noch einmal kurz zusammen. „*Ich bin*" erfüllt dieses ganze Universum in allen faßlichen und unfaßlichen Dimensionen. Es ist ihm begreiflicherweise nichts verborgen. „Und *keine* Kreatur ist vor ihm verborgen, sondern es ist *alles* bloß und aufgedeckt vor Gottes Augen, dem wir Rechenschaft geben müssen" (Hebr. 4, 13). Allgegenwärtig in jedem Sinne, muß ihm einfach alles offenbar sein, und was immer wir auch tun mögen, einer, der ewige Gott, registriert alles, ist immer dabei.

Der Herr Jesus sagt: „Es ist nichts verborgen, was nicht offenbar werde, noch heimlich, was man nicht wissen werde" (Luk. 12, 2). Unser Leben wird im ganzen Universum aufgerollt werden. Würde Gott nur eine Sünde ungestraft lassen, er wäre nicht mehr absolut und müßte seinen Thron räumen. Zu Recht ermahnt somit Gottes Wort: „Fürchte Gott und halte seine Gebote; denn das gilt für *alle* Menschen. Denn Gott wird *alle* Werke vor Gericht bringen, *alles*, was verborgen ist, es sei gut oder böse" (Pred. 12, 13. 14).

Die fromme Flucht

Um es ehrlich zu sagen: Wir akzeptieren diese Tatsachen zwar gerne mit unserem Verstand, leben aber auch als

Christen oft nicht gemäß dieser Grundwahrheiten. Wir sind zwar manchmal bereit, vor Menschen unser Herz in frommen Bußübungen auszuschütten, aber nicht vor Gott[1], der doch viel realer ist. Gerne sind wir bereit uns mehr oder weniger freudig dem sonntäglichen Ritual auszusetzen, ja, womöglich knien wir lange Zeit und verrichten unsere Gebete. Aber gewöhnlich haben wir nicht den Mut, vor Gott wahrhaftig hinzutreten und ihm ehrlich zu bekennen, daß wir ihm ja gar nicht ganz gehören wollen, daß wir nicht wirklich von ihm abhängig sein möchten, daß wir eigentlich unser altes frommes Leben liebhaben, und sein Leben nicht in letzter Konsequenz verlangen[2].

Gerne sind wir bereit, Buße zu tun, brechen aber nicht wirklich mit der Sünde[3], denn es behagt uns nicht, uns Jesus völlig unterzuordnen. Wir sind nicht aufrichtig mit einem allwissenden Gott. Die Bibel nennt das Heuchelei. Wir hoffen, gewisse Tiefen unseres Herzens blieben ihm verborgen, und wenn wir es auch nicht zugeben, so leben wir jedenfalls so. Wir sind heute Experten des frommen Selbstbetruges geworden und meinen mit unseren frommen Formeln, Gott etwas vormachen zu können, in der stillen Hoffnung, daß die anderen ja auch nicht viel besser sind und es am Tage des Gerichts schon nicht so schlimm sein wird. Man hat sich schon so sehr daran gewöhnt, daß man gar nicht mehr erkennt, wie groß und furchtbar die Verführung ist[4].

Man beruft sich auf biblische Verheißungen und lebt dabei nach eigenem Willen. Ähnlich dem Volke Israel pocht man auf Gottes Zusagen. „. . . und euch dennoch auf den Herrn verlaßt und sprecht: Ist nicht der Herr unter uns? Es kann kein Unglück über uns kommen“ (Micha 3, 11). Der nächste Vers zeigt, daß gerade wegen dieser Einstellung ein furchtbares Gericht gekommen ist. Wir haben nicht deshalb Verheißungen Gottes, um sie selbstgerecht zu zitieren, sondern damit sie durch Buße und Zerbruch mit unserem Leben erfaßt und wahr werden.

Ohne es richtig zu wissen, spielen wir Gott ein tägliches, frommes Theater auf der Bühne der moralischen Selbstrechtfertigung vor, und unsere Rolleneinsätze sind dementsprechend aufwendig. Je mehr wir dem Herrn innerlich davonlaufen, desto größer wird oft unsere kirchliche und fromme Aktivität. Schließlich benötigen wir ein Alibi. Man bewahrt den Schein vergangener Herrlichkeit.

Die „räumliche" Flucht

Wir haben bereits erwähnt, wie David in den ersten sechs Versen des 139. Psalms die einmalige Allgegenwart Gottes schildert. Demgemäß schreibt er dann richtig: „Wohin soll ich gehen vor deinem Geist, und wohin soll ich fliehen vor deinem Angesicht? Führe ich gen Himmel, so bist du da; bettete ich mich bei den Toten, siehe, so bist du auch da" (V. 7. 8). Wohin soll ich fliehen vor deinem Angesicht? fragt David. Bewußt oder unbewußt läuft diese Welt vor Gott davon. Dennoch gibt es keine berechtigtere Frage.

Ich glaube, wir erkennen, warum eine Flucht in Raum und Zeit vor Gott unmöglich ist. Würden wir ein Raumschiff nehmen und bis zur äußersten Milchstraße fliegen, Gott ist da. Verkröchen wir uns bis zum Mittelpunkt der Erde, Gott ist da. Ja, auf unserer ständigen Jagd von Gott weg hätten wir sogar eine Zeitmaschine entwickelt. Wir bestiegen sie und rasten auf unserer Flucht vor dem Schöpfer Jahrmillionen in die Vergangenheit zurück, Gott ist da. Wir jagten in die Zukunft. Am Ende stünden wir wieder vor Gott, wie es auch David in diesem Psalm sagt (V. 18).

Wir können Jesus nicht entkommen. Er ist der Erste und der Letzte, der Anfang und das Ende. Nach dieser Abhandlung über die Unendlichkeit Gottes braucht es nicht mehr erläutert werden. Wir können uns nicht verbergen oder sonstwie verstecken. Es ist rein naturwissenschaftlich unmöglich. In Raum und Zeit gibt es nicht den winzigsten Schlupfwinkel, und auch die größte Anstrengung ändert nichts daran.

Die heutige Generation hat zu einem großen Teil eine intellektuelle Flucht angetreten. Man verschanzt sich hinter großen Namen und sogenannten wissenschaftlichen und psychologischen Erkenntnissen. „Der Gottlose meint in seinem Stolz, Gott frage nicht danach. Es ist kein Gott, sind alle seine Gedanken“ (Ps. 10, 4). Wie wörtlich trifft doch dieses alte Psalmwort für viele Menschen zu. Doch solch einem Gott davonlaufen oder ihn zu ignorieren, ist schlimmste Vogel-Strauß-Politik.

Die religiöse Flucht

Viele Menschen reagieren noch anders. „Natürlich glauben wir an Gott“, sagen sie. Und dann beruft man sich auf Kirche, Priester, Taufscheine und ähnliche sonderbare Zertifikate. Man weist darauf hin, daß man eigentlich nie etwas wirklich Böses getan und soweit anständig seine Jahre unter religiöser Schirmherrschaft gefristet habe. Man verbirgt sich letztlich aber nur hinter frommen Weihrauch und ist eigentlich auf der gleichen Ebene wie ein Astronaut, der mit einem Raumschiff vor Gott fliehen will; nur probiert man es mehr in heuchlerischen, sprich religiösen, Dimensionen.

Die Geschichte aller Völker beweist, daß sie in der Erzeugung religiöser Rauchwolken nicht phantasiearm waren. Die einzelnen Religionen sind eigentlich riesige Fluchtversuche vor dem lebendigen Gott. Wer auf der Flucht ist, hat gewöhnlich Angst. Kein Wunder, daß das griechische Wort für Religion, „Treskeia", seinem Stamm nach auf „Sich-fürchten" zurückgehen soll. Hier kann es keine Ruhe und Gewißheit geben.

Aber wir sind begreiflicherweise auch in den Bereichen der moralischen Absoluta ohne die geringste Chance, uns zu verstecken. Mögen wir uns religiös noch so sehr einnebeln, möge der fromme Dunst unserer kirchlichen und moralischen Anstrengungen eine noch so eindrucksvolle Atmosphäre schaffen, es stinkt letztlich nur zum Himmel, wie der Prophet Amos sagt[5] und reicht bestenfalls für einen totalen Selbstbetrug[6].

Wir lieben die unpersönliche Religion, für einen persönlichen Erlöser aber, der unser Leben fordert, haben wir wenig Zeit und Sympathie. Dabei ist nichts unlogischer als dies. Vielleicht halten wir uns für fortgeschrittener, besser und aufrichtiger, aber unsere Herzen gleichen denen des Volkes Israel, ein Volk, das Gott verwundert fragen muß: „Warum sprichst du denn, Jakob (und für Jakob kann jeder seinen eigenen Namen einsetzen), und du, Israel, sagst: Mein Weg ist dem Herrn verborgen, und mein Recht geht vor meinem Gott vorüber? Weißt du nicht? Hast du nicht gehört? Der Herr, der ewige Gott, der die Enden der Erde geschaffen hat, wird nicht müde noch matt, sein Verstand ist unausforschlich" (Jes. 40, 27. 28).

Wahrlich, solch einem Gott bleibt nichts verborgen, und er fragt uns, ob wir das nicht schon begriffen haben. „Denn meine Augen sehen auf alle ihre Wege, daß sie sich nicht vor mir verstecken können, und ihre Missetat ist vor meinen Augen nicht verborgen" (Jer. 16, 17). Vor Gottes Angesicht sind unsere wahren Motive wie ein aufgeschlagenes Buch. Wer sich die Absoluta Gottes vergegenwärtigt, muß erkennen: Es gibt kein Entkommen, in keiner Richtung, in keinem Bereich, in keiner Dimension.

Kapitel X

Die Kapitulation vor dem absoluten Gott

Die Logik der Kapitulation

Wenn wir die behandelten Absoluta akzeptieren, wird es ersichtlich, daß auch der beste und selbstgerechteste, moralischste wie religiöseste Mensch vor einem unendlich heiligen Gott auch keine Sekunde bestehen kann. Wenn Ihre Schuld, lieber Leser, und ich möchte weder anklagen noch richten, aber im Sinne unserer Unendlichkeiten bleibt keine andere „Diagnose", nicht durch das Blut Jesu Christi ausgelöscht ist, so sind Sie in Gottes Augen total, ewig und absolut verloren.

David hat diese Unentrinnbarkeit vor einem ewigen Gott erkannt. Und er zieht daraus den einzig vernünftigen und konsequenten Schluß. Er kapituliert völlig vor Gott, wie die zwei letzten Verse des oft zitierten 139. Psalms beweisen. „Erforsche mich, Gott, und erkenne mein Herz; prüfe mich und erkenne, wie ich's meine. Und sieh, ob ich auf bösem Wege bin, und leite mich auf ewigem Wege." Er vertraut also sich und seine Wege Gott an. Er bittet Gott, sein Herz zu erkennen. Mit erkennen meint die Bibel eine persönliche, intime Gemeinschaft. Er stellt sich somit Gott und liefert sich ihm ganz aus. Wollen Sie, lieber Leser, auch vor Gott kapitulieren? Erneut oder vielleicht zum erstenmal? Vielleicht hindert Sie jetzt noch etwas daran. Stolz zum Beispiel. Unbewußter oder bewußter Stolz, auf moralischem, religiösem oder intellektuellem Gebiet. Doch ist es unlogisch, vor einem derartigen Gott zu kapitulieren? Ist nicht gerade dies das einzig Vernünftige? Wollen Sie es wagen?

Das Angebot Gottes

In den folgenden Ausführungen werde ich mich teilweise wiederholen. Man möge damit Nachsicht haben, doch weil dies so wichtig, einfach von ewiger Bedeutung ist, möchte ich es ausführlicher behandeln.

Auf der einen Seite ist der unendliche Schöpfer, heilig und absolut. Auf der anderen das endliche Geschöpf, sündig und relativ. Wie können die zwei jemals zusammenkommen, ja Einswerden? Halten wir nochmals kurz fest, und wir werden sehen, wie wunderbar einwandfrei dieses Problem gelöst wurde, wie sozusagen mathematisch genau diese Gleichung aufgeht.

Gott hat nun alles für uns getan. „Es ist vollbracht" besiegelt seine Rettungsoperation. Wir können von unserer Seite alles nur dankbar im Glauben annehmen. Verdienst gibt es keinen. Die Bibel lehrt nicht gute Werke, sondern Glauben. Folglich war auch die Botschaft der Jünger: „Von diesem (Jesus) zeugen alle Propheten, daß durch seinen Namen alle, die an ihn glauben, Vergebung der Sünden empfangen sollen" (Apg. 10, 43), oder „So sei es euch nun kund, liebe Brüder, daß euch verkündigt wird Vergebung der Sünden durch diesen (Jesus); und von dem *allem*, wovon ihr durch das Gesetz des Mose *nicht* konntet freigesprochen werden, ist der gerechtfertigt, der an ihn glaubt" (Apg. 13, 38. 39).

Erkennen wir den Unterschied? Erkennen wir dieses

einmalige Angebot? Kann man so etwas erfinden? Man muß einfach mit René Pache sagen[1]: „Welch menschlicher Geist, welches religiöse Genie hätte je eine Botschaft erfinden können, die so demütig ist für den stolzen Sünder und so wunderbar für den bußfertig Glaubenden?“ Nicht nur die Botschaft, sondern vielmehr Jesus selbst ist wunderbar. Wollen Sie ihn kennenlernen?

Der persönliche Schritt

Dieser ewige *„Ich bin“* gibt nun in seiner unbegreiflichen Liebe die unerhörte Einladung: „Wer zu mir kommt, den werde ich auf keinen Fall hinausstoßen“ (Joh. 6, 37). Die Evangelien beweisen dies, wie auch die persönliche Erfahrung. Jesus wies nie einen Menschen zurück, der in seiner Not echt zu ihm kam.

Nun, wir haben es schon oft genug gesagt, Liebe ist eine persönliche Eigenschaft, und dieser *„Ich bin“* trägt ein persönliches Universum. Die erste Voraussetzung ist also gegeben. Weil Schöpfer und Geschöpf Personen sind, können und müssen wir uns persönlich zu Gott nahen. Er nimmt nur ein persönliches Angebot an.

Dieser Jesus erfüllt und erhält unser ganzes Universum. Demgemäß fordert er uns auch immer wieder auf, ihn anzurufen[2] als Ausdruck seiner Allgegenwart und Allgüte. Dieses bedeutet nichts anderes, als mit ihm persönliche Verbindung aufzunehmen. Im Sinne der besprochenen Unendlichkeit fällt es nicht schwer einzusehen, daß Gott sozusagen ständig da ist, fast möchte man sagen, neben uns steht. Wir dürfen uns also direkt an ihn wenden und müssen nicht erst nach Israel oder einen anderen besonderen Ort pilgern, um ihn anzurufen.

Wiederum geschieht dies alles auf völlig freiwilliger Basis. Gottes Liebe wird, nein, sie kann einen Menschen nie zwingen. Er wirbt um uns, er wird alles versuchen, uns zu gewinnen; er ist bereit, alles für uns zu tun, aber er wird unseren Willen nie ausschalten. Er läuft uns entgegen, und das Kreuz von Golgatha zeigt, wie sehr er uns entgegengekommen ist, aber den Schritt zum Kreuz müssen wir selber tun. Wir können unseren Willen seinem Willen entgegenstellen, dann aber werden wir Gott nie kennenlernen.

Jesus weinte um Jerusalem, aber sein Volk wollte nicht[3]. In einem persönlichen Universum haben wir nun, fast möchte man sagen, leider, diese Möglichkeit. Deswegen gibt es auch keine automatische Vergebung oder Generalamnestie, wie manch naives Gemüt hofft, und deswegen sagt auch Paulus, daß Gottes Gnade an ihm nicht vergeblich war[4]. Auch Gnade ist begreiflicherweise kein automatisches Geschenk, und leider ist diese Gnade Gottes für die meisten Menschen vergeblich. Nicht, weil sie nicht ausreichte. Das Kreuz zeigt, daß Gott bereit war, den tiefsten Weg zu gehen, sondern weil sie die Menschen leider bewußt oder unbewußt ablehnen. Wollen Sie diese Gnade auch ablehnen?

In seiner unendlichen Liebe gibt nun Jesus die unglaubliche Einladung: „Siehe, ich stehe vor der Tür und klopfe an. So jemand meine Stimme hören wird und die Tür auftun, zu dem werde ich eingehen“ (Offb. 3, 20). Dieser Vers wird oft zitiert, doch weniger gern der Vers unmittelbar davor. „So mache dich auf und tue Buße!“

Was heißt dies nun für uns persönlich? Buße heißt nicht abbüßen, sondern Gesinnungsänderung. So jemand seine Schuld vor Gott, die Jesus das Leben kostete, bejaht, Jesus um Vergebung bittet und an ihn glaubt, das heißt also, sich ihm völlig anvertraut, ihn bewußt in das Leben aufnimmt und sein Leben dem lebendigen Gott restlos unterstellt, dann nimmt Gott dieses Angebot an. Dies bedeutet der Ausdruck „zum Kreuz kommen". Da Gott alles weiß, hat ein Lippenbekenntnis wenig Sinn. So wir es aber ehrlich meinen, tritt er in unser Herz ein. Das heißt, wenn wir diese Gesinnung haben, vergibt uns Gott alle Schuld, weil das Blut Jesu seiner Gerechtigkeit völlig entspricht. Der Herr sieht uns dann ohne Sünde[5], seiner Heiligkeit steht also nichts mehr im Wege, und seine unendliche Liebe verbindet sich sofort ewig mit uns.

Im Augenblick der ganzen Hingabe an den Unendlichen begegnen sich die Absoluta in diesem Kreuz. Hier geht die ewige Gleichung auf. Hier treffen sich Geschöpf und Schöpfer, Heiligkeit und Gnade, Gerechtigkeit und Liebe, völlige Vergebung und ewige Verdammnis, ewige Herrlichkeit und ewige Schuld. Hier identifiziert sich der lebendige Gott mit seinem Geschöpf, werden diese zwei Personen eins. Wir zitieren nochmals: „Darum, ist jemand in Christus, so ist er eine neue Schöpfung; das Alte ist vergangen, siehe es ist *alles* neu geworden."

Das Kreuz von Golgatha enthüllt die größte Liebesgeschichte im ganzen Universum. Am Fuße dieses Kreuzes finden wir Vergebung, nirgends sonst. Die Gleichung der Absoluta und Unendlichkeiten, das Problem der Ewigkeit von Schuld und Sünde und Tod, von menschlicher Seite einfach unentwirrbar, findet eine einwandfreie, ja die einzige und unvergleichliche Lösung. Hier offenbart Gott die Fülle seiner Gnade. Wenn wir den wahrhaftigen Christus kennenlernen wollen, müssen wir zu dem Gekreuzigten kommen.

Kann so etwas erfunden sein? Dieses Kreuz steht jenseits aller religiöser Phantasie. Hier offenbart sich der wahre Gott. Verstehen wir, warum Jesus sagt? „Wer aus der Wahrheit ist, der höret meine Stimme“ (Joh. 18, 37). Wollen Sie Jesus nicht gerade jetzt kennenlernen? Es ist das gewaltigste Angebot. Er wartet auf Sie. „Ich will . . . daß sie meine Herrlichkeit sehen“ (Joh. 17, 24), ist die Einladung des wunderbarsten Gottes. Es hat nie ein Mensch diesen Schritt bereut. Aber viele gereute es, Jesus abgelehnt zu haben, denn „Was hülfe es dem Menschen, wenn er die ganze Welt gewönne und nähme doch Schaden an seiner Seele?“ (Matth. 16, 26).

Kapitel XI

Der Kompromiß in den Augen des absoluten Gottes

Kompromiß und Lauheit

Für unsere an Relativismen gewöhnte Zeit muß eine derartige Behandlung der Absoluta und ihrer Konsequenzen eine Torheit, ein Ärgernis, womöglich ein Greuel sein. Doch aus der Perspektive der Unendlichkeiten gesehen, und die Bibel liefert nun einmal diese Schau des Ewigen, muß Gottes Wort von nur zwei Wegen sprechen[1], einem breiten und einem schmalen. Dann ist man entweder in der Finsternis oder im Licht[2], ein Kind Gottes oder ein Kind des Zorns, erlöst oder unter dem Urteil ewiger Verdammnis, wiedergeboren zu neuem Leben oder geistlich tot[3].

In unserer sichtbaren Welt haben wir alle möglichen Übergangsbereiche wie Vermischungen, doch in der unsichtbaren Dimension Gottes, und davon redet eben die Heilige Schrift, sind die Grenzen messerscharf. Der Kompromiß oder der goldene Mittelweg zeigt sich dann klar als Erfindungen begrenzter Geschöpfe mit relativer Schau, Erfindungen, die dem Kreuz ausweichen, das allein diese exakte Trennung bewirkt.

Ein vollkommener Gott muß einfach jeden Kompromiß ablehnen, wie es uns auch Gottes Wort mehrfach bestätigt. „Wer die Hand an den Pflug legt und sieht zurück, der ist nicht geschickt zum Reiche Gottes" (Luk. 9, 62). Im Lichte des Kreuzes haben wir auch keine andere Wahl. Dieser ewige Herr wird nur erfahren durch persönliche Hingabe, und so wie er sein ganzes Leben für uns opferte, fordert seine Nachfolge jenes gleiche unsichtbare Kreuz.

„Will mir jemand nachfolgen, der verleugne sich selbst und nehme sein Kreuz auf sich und folge mir. Denn wer sein Leben erhalten will, der wird's verlieren; wer aber sein Leben verliert um meinetwillen, der wird's finden. Was hülfe es dem Menschen, wenn er die ganze Welt gewönne und nähme doch Schaden an seiner Seele? Oder was kann der Mensch geben, damit er seine Seele wieder löse?" (Matth. 16, 24—27). Dies wurde bereits teilweise zitiert. Ich glaube, wir wissen nun, warum die ganze Welt den Wert einer Seele nicht aufwiegen kann.

Hier wird diese Gleichung der Unendlichkeiten von Jesus selbst mit eindrucksvollsten Worten aufgestellt. Man kann sich nur wundern, warum dies so wenige begriffen und wirklich die Konsequenzen daraus gezogen haben. Ein ehrliches Durchdenken allein dieser Sätze zerstört jede Hoffnung auf das Gute im Menschen und den frommen Wunsch, ein Heide könne aufgrund seiner Anständigkeit und seines ehrlichen Bemühens auch noch gerettet werden.

Wie kann man nach solchen Aussagen unseres Herrn nur im entferntesten hoffen, jemanden durch ein kirchliches Zeremoniell zu einem Christen zu machen oder selber dadurch einer zu sein? Wie darf man es wagen, sich Christ zu nennen und nach derartigen Erklärungen Jesu meinen, mit guten Werken sich den Weg zum Himmel jonglieren zu können? Oder gar nach dem Motto „Tue recht und scheue niemand" denken, auf dem goldenen Mittelweg in Richtung Erlösung weiterzukommen? Kein Wunder, daß es so wenig echte Heilsgewißheit gibt. Sind wir denn so unlogisch, so unehrlich, so inkonsequent geworden?

Hier sind wir doch ganz oder gar nicht gefordert. Hier handelt es sich nicht mehr um sonderbare Theorien und Überlegungen bezüglich Absoluta von irgendeinem Menschen, sondern diese Bedingungen der Nachfolge und der Erlösung stellt der lebendige Gott. Verstehen wir, warum derselbe Herr des Universums sagen muß: „Ach, daß du kalt oder warm wärest! Weil du aber lau bist und weder kalt noch warm, werde ich dich ausspeien aus meinem Munde" (Offb. 3, 15. 16).

Was haben wir doch aus dem Christentum für eine fromme Farce gemacht. Wundern wir uns noch, daß uns bald niemand mehr glaubt und wir einer Generation von Atheisten entgegengehen? Überrascht es uns, wenn die Bibel von den Christen der letzten Tage sagt, daß sie den Schein eines gottesfürchtigen Wesens haben, aber seine Kraft verleugnen[4]? Eine Kraft, die doch nur durch das Kreuz wirksam wird. Wie wollen wir mit unseren vagen Erklärungen vor einem ewigen, sich nie ändernden Gott bestehen? Glauben wir tatsächlich, und diese Frage muß ich auch mir selber immer wieder stellen, daß der Herr der Herrlichkeit für uns verblutete? Was bedeutet es uns wirklich, daß ein Unendlicher für uns sein Leben am Kreuz dahingab?

Dieses Kreuz wird zur Torheit und zum Ärgernis für alle, die an die Relativismen gewöhnt sind, und dies ist nun einmal die Eigenschaft des unerlösten Menschen. Aber es wird zur Weisheit und Gotteskraft für die, welche es im Glauben erfassen, wie es auch geschrieben steht[5]. Weisheit im wunderbarsten und tiefsten Sinne. Christen sollten nicht zu Kompromissen neigen, denn sie kennen den Absoluten.

Dieses Kreuz zerstört den natürlichen Menschen, und in der Auferstehung Jesu wird dementsprechend alles neu[6]. Gott will nicht unsere religiösen Anstrengungen[7]. Er fordert Glaube[8], also totale Hingabe[9] und Übergabe des Lebens an Jesus[10]. Dieses Kreuz heißt nein zu mir und ja zu dem Willen Gottes, und nur aus diesem inneren Tod heraus erhalten wir neues Leben, kann überhaupt neues, göttliches Leben entstehen[11].

Dieser schriftgemäße Glaube macht aus dem Individuum eine völlig neue Person und erfaßt einen Menschen ganz. Das Kreuz Christi bringt ihn in die vollkommene Abhängigkeit von Jesus und danach alle Handlungen in den Einklang mit dem Willen Gottes. Heute ist Glaube oft nicht mehr als ein intellektuelles Akzeptieren christlicher Grundsätze. Kein Wunder, daß wir meinen, solchen Glauben durch gute Werke etwas aufmöbeln zu müssen.

Kann im Lichte der Ewigkeiten denn eine andere mögliche Definition des Glaubens bestehen als die, welche der Herr Jesus gibt? „Also auch ein jeglicher unter euch, der nicht absagt allem, was er hat, kann nicht mein Jünger sein“ (Luk. 14, 33). Und die Jünger Jesu sind laut Apostelgeschichte 11, Vers 26, die Christen.

Die Vermischung

Gott lehnt jede Vermischung, jeden Mischgeist ab, zum großen Ärgernis vieler. Und so sehen wir auch, wie der Herr dies im Alten Testament oft durch anschauliche Bilder seinem Volk beizubringen suchte[12]. Im Neuen Testament wird es uns dann dementsprechend deutlich gesagt[13]. Gerade dieser Mischgeist, diese Vermengung von Licht und Finsternis, greift heute in erschreckendem Maße um sich und macht Gottes Volk gerichtsreif. Nur dieses Kreuz bewirkt die Scheidung der Geister.

Lassen wir uns nicht verführen. Durch die Trennung von dem unendlichen Gott haben wir praktisch ein unendliches Unterbewußtsein. Hier kann sich furchtbarer Betrug abspielen und halten. Manch einer meint, ein besonderes Licht von Gott zu haben — wir haben gesehen, wie Offenbarungen außerhalb des Wortes Gottes oder getrennt davon nicht zu halten sind, und zwar im absoluten Sinne —, und mußte erkennen, daß sein Licht in Wirklichkeit Finsternis war, als er bereit war, Buße zu tun, neu zum Kreuz zu kommen. „So schaue darauf, daß nicht das Licht in dir Finsternis sei" (Luk. 11, 35), warnt nicht umsonst der Herr Jesus.

Die Vermischung von Gottes Wort mit Tradition und anderen religiösen Zutaten liegt natürlich auf gleicher Ebene, und wiederum warnt die Heilige Schrift davor[14]. Der krampfhafte Versuch, seine althergebrachten Dogmen und religiösen Satzungen mit der wahren Aussage und Erkenntnis auf einen Nenner zu bringen, mag zwar für das innere Gewissen eine schöne Kompromißformel ergeben, führt aber letztlich nur zu einer totalen Selbsttäuschung über seinen wahren Zustand. Einem vollkommenen Gott ist gerade diese Haltung besonders zuwider[15]. Eben diese Einstellung aber bewahrt den Menschen vor dem Zerbruch, den das Kreuz bewirkt, verhindert somit Errettung und Vergebung. Man schaufelt sich förmlich seine eigene Verdammnis.

Nur über dieses Kreuz lernen wir den Ewigen kennen, erfahren wir den Absoluten, kommen wir in Verbindung mit den Unendlichkeiten, werden wir zu Christen. Nur dort hat der Vollkommene Frieden gemacht[16], findet der Mensch Frieden mit Gott, mit sich selbst, seinem Nächsten und der Schöpfung. Nur über diesen inneren Zerbruch[17] und die totale Übergabe an Jesus geschieht dieses Wunder der Neuschöpfung[18]. Jeder andere Versuch frommer, kirchlicher, religiöser und sonstiger Natur, ist schon allein naturwissenschaftlich mathematisch gesehen, zur ewigen Sinnlosigkeit verdammt. Es kann vor einem vollkommenen Gott nicht bestehen. Jeder andere Weg zerstört das Kreuz. Nicht das Kreuz von Golgatha, es steht in diesem Sinne ewig fest, sondern das unsichtbare Kreuz in unserem Herzen.

Wir wollen es hier einmal ehrlich sagen: Wir sind heute Experten in der Zerstörung des Kreuzes Christi geworden. Man verspricht Geistesfülle ohne Buße und inneren Zerbruch, nach sonderbaren Schnellmethoden (z. B. eigenmächtige Handauflegungen)[19]. Man lehrt die Geistestaufe als ein von der Wiedergeburt getrenntes Erlebnis, als eine Erfahrung für sich[20]. Dies führt gewöhnlich eher zu einer Geistertaufe[21] als zu einer Erfüllung mit dem Geist Gottes. Die Botschaft der Jünger war nicht Geistestaufe oder Erlebnisse, sondern das Kreuz Christi (man vergleiche Matth. 3, 11 mit Apg. 13, 25 bis 28). Wir haben uns tausend Wege einfallen lassen, um der gerechten Forderung eines heiligen Gottes zu entgehen, um irgendwie daran vorbeizukommen, sozusagen über einen Schleichweg in das Himmelreich doch noch hineinzuschlüpfen. Und auf dieser Basis sind auch ungefähr die Witze über Petrus und die Himmelstür, die man sich zu erzählen pflegte. Wundern wir uns bei dieser Haltung, warum es immer mehr Sekten gibt, die das Kreuz radikal ablehnen, ja sogar zum Unfall erklären?

Der Feind Gottes hat bereits seinen Generalangriff auf dieses Kreuz begonnen. Er wurde nur dort besiegt, ist nur dort völlig machtlos, und wenn er uns vom Kreuz Christi wegzieht, und wir lassen es nur zu gerne mit uns geschehen, hat er uns bald in seiner Hand. Uns rettet nur schehen, hat er uns bald in seiner Hand. Uns rettet nur noch eine radikale Kehrtwendung. Sonst werden unsere krummen Wege nur zu einem furchtbaren Bumerang. Dann zerschmettern die Unendlichkeiten nämlich uns, und wir werden einmal von dem Abgrund der Ewigkeiten verschlungen werden[22].

Das Kreuz offenbart Gottes heilige Liebe. Nicht eine sentimentale, seelische, wie es uns unsere religiöse Vorstellung oft vorgaukelt und wir uns gerne einreden lassen. Seien wir doch aufrichtig. Wir haben entweder nie konsequent über die Absoluta nachgedacht oder sehr viel Selbstbetrug akzeptiert, um dem gekreuzigten Christus auszuweichen. Wir waren eifrig bereit, noch viel mehr religiösen Unsinn zu schlucken, und wir schaden und vernichten uns letztlich nur selbst. „Wie wollen wir entrinnen, wenn wir ein solches Heil nicht achten?“ (Hebr. 2, 3), wird in diesem Sinne zu einer unheimlichen Formel der Eigenzerstörung.

Kapitel XII

Religion und Evangelium in absoluter Sicht

Die Wahrheit des Evangeliums

In der Betrachtung jener Absoluta zeigt nun die Heilige Schrift ein lückenloses Gesamtbild mit unvergleichlicher Präzision. Man könnte sich nur auf den Jakobusbrief berufen und von einem Widerspruch reden, wenn er sagt, daß der Mensch durch Werke gerecht wird und nicht durch Glauben allein[1]. Ist es tatsächlich ein Widerspruch? Beispielsweise zum Römerbrief[2].

Wie viele Selbstgerechte haben sich gerade an diesen Vers des Jakobus geklammert, und für alle, die zu stolz sind, sich Jesus und die Erlösung schenken zu lassen, wurde diese Stelle zum vermeintlichen Rettungsanker. Doch der ganze Brief behandelt die Aspekte des wahren Glaubens, wie er sich in der sichtbaren Welt auswirkt, so dieser Glaube echt ist. Seine Charakteristika also, die der natürliche Mensch vor Augen hat.

Das Wort Religion findet sich aus dem gleichen Grunde nur in dieser Epistel[3], sonst nirgends mehr im ganzen Neuen Testament, das ja jene Prinzipien in erster Linie von der unsichtbaren Welt her beleuchtet. Es ist selbstverständlich. Wenn eine echte Abhängigkeit von Gott da ist, sind natürlich gute Werke vorhanden, deren Quelle aber wiederum Jesus ist, wie es z. B. der Epheserbrief[4] zeigt, nur in diesem Fall von der Dimension Gottes her. Von dieser Warte wurde gerade das Thema unseres Buches aufgerollt. In der Komplementarität des geschaffenen Sichtbaren und Unsichtbaren[5] also wiederum kein Widerspruch, sondern wunderbare Ergänzung. Ergänzung im fast physikalischen Sinne, wenn wir an das von Bohr formulierte Prinzip denken.

Solche Voraussetzungen: Ein persönlicher Gott, allgegenwärtig in Raum und Zeit, absolut in Gerechtigkeit und Liebe und in allen anderen Eigenschaften — und in seinem tiefsten Herzen weiß fast ein jeder Mensch, daß nur dies allein der wahre Gott sein kann —, wenn wir diese Voraussetzungen also aus der unbeweglichen Welt Gottes[6] in unser sichtbares Universum nach einfachen, logischen Gesichtspunkten projizieren, dann erhalten wir sämtliche Bedingungen, Resultate, Phänomene und Charakteristika, die genau einzig und allein die Bibel schildert, und zwar derartig, daß in einem wirklich umfangreichen Werk kein Vers dem andern widerspricht. Wie ist das möglich?

Seien wir ehrlich. Kann man so etwas erfinden. Ja, im Sinne der physikalischen Aspekte dieser Betrachtung, welch naturwissenschaftliches und gleichzeitig ethisches Universalgenie hätte das geschafft? Es bringt uns in solche verstandesmäßige wie moralische Höhen, daß die Unterstellung des Betruges nur noch unsinniger wird.

Aber die Bibel hat mehr als 40 verschiedene Autoren. Jesaja wußte nichts von Petrus, Jeremia ahnte nicht die Worte des Apostel Paulus, David kannte nicht Jesus. Und jenseits jeder frommen Einbildung steht dieses Kreuz von Golgatha, ein Kreuz, an dem alle natürlichen Vorstellungen und Überlegungen zerschellen. Ein Kreuz, das allein die Antwort ist und so unzweideutig das

Handeln eines wahrhaftig Absoluten offenbart. Wir stimmen mit Jean Jacques Rousseau überein[7], wenn er in seinem Roman „Emile" bezeugt, daß man so etwas nicht erfinden kann. Hier hat Gott geredet und gehandelt, und zwar eindeutigst.

Die Heilige Schrift offenbart allein diesen allmächtigen, allweisen, allgütigen, allgegenwärtigen Gott. Im Lichte dieser absoluten Eigenschaften zeigt die Bibel, wie wir gesehen haben, eine derartige Erkenntnis, eine solche lückenlose Harmonie und fehlerlose Konsequenz in unvergleichlicher Weisheit und Logik, eine derartig verblüffende Brillanz widerspruchsfreiester Folgerungen in den moralischen, naturwissenschaftlichen, mathematischen und universellen wie auch sichtbaren und unsichtbaren Bereichen sämtlicher Dimensionen, daß ihr einziger Autor nur der lebendige Gott sein kann. Ich glaube, ein intellektuell redlicher Mensch kann sich diesen Argumenten einfach nicht verschließen. „Wer aus der Wahrheit ist, der höret meine Stimme", soll hier nochmals angeführt werden.

Wenn dies alles so logisch und einleuchtend ist, warum sind es dann so wenige, die sich unter die Wahrheit beugen und sie echt annehmen? Warum sagt dann der Herr Jesus, daß der Weg breit ist, der in die Verdammnis führt, und ihrer viele sind, die darauf wandeln? Diese Aussage allein zerstört schon jede Hoffnung, die Wahrheit dort zu finden, wo die Mehrheit sich tummelt.

Warum steht dann geschrieben? „Gehorchet meinem Wort, so will ich euer Gott sein, und ihr sollt mein Volk sein; wandelt *ganz* auf dem Wege, den ich euch gebiete, auf daß es euch wohlgehe. Aber sie wollten nicht hören noch ihre Ohren mir zukehren, sondern wandelten nach ihrem eigenen Rat und ihrem verstockten und bösen Herzen und kehrten mir den Rücken zu und nicht das Angesicht“ (Jer. 7, 23. 24). Der Herr Jesus sagt es uns selbst: „Das ist aber das Gericht, daß das Licht in die Welt gekommen ist, und die Menschen liebten die Finsternis mehr als das Licht, denn ihre Werke waren böse“ (Joh. 3, 19). Die religiöse Finsternis ist die am weitesten verbreitete und wird am meisten geliebt.

Die Religionen in absoluter Sicht

So wie die Extrapolation der Absoluta jenes exakte biblische Bild hervorruft, so ergibt die Projektion der Relativa, also die Übertragung meiner eigenen Vorstellung auf Gott, in eben solch verblüffender Weise in groben Umrissen das Bild aller Religionen. Egal, ob es sich dabei um christliche, hinduistische und sonstige Religionen handelt[8].

Es ergeben sich automatisch mehrere Mittler, es bieten sich sofort viele Wege an, die guten Werke fallen uns ebenfalls in den Schoß, dann stellt sich natürlich die Tradition und das Zeremoniell ein. Dann kann man auch durch Säuglingstaufe Menschen zu Christen machen; die religiöse Automatik zeigt erstaunliche Perspektiven, dann gibt es keine Heilsgewißheit, dann gibt es auch Allversöhnung. Es ist ersichtlich, warum dann die Heilige Schrift keine absolute Autorität mehr sein muß. Die eigene begrenzte Schau ergibt natürlich ein unvollkommenes Werk, und man kann ohne weiteres hinzufügen und kritisieren. Doch gerade dies wird nun erst richtig sinnlos.

Diese relative Sicht gaukelt uns auch jenen alten Mann mit weißem Bart vor, den niemand mehr ernst nimmt und der am Tage des Gerichts sentimental gerührt sämtliche Augen zudrückt. Doch von dem unendlichen Herrn des Universums und unserem Richter steht geschrieben: „Und vor seinem Angesicht floh die Erde und der Himmel“ (Offb. 20, 11). Das Kreuz von Golgatha offenbart nicht eine sentimentale Gottheit. Hier wird nicht mehr gespottet und belächelt, hier wird Sünde blutig ernst genommen. Gibt es ein furchtbareres Gericht? Gibt es gleichzeitig größere Liebe? Dies allein ist der wahre Gott.

Die Heilige Schrift enthüllt mit messerscharfer Konsequenz die wahren Hintergründe dieser religiösen Unlogik. Die Rebellion gegen den ewigen Gott hat uns in die Herrschaft seines Feindes, eines Geschöpfes also, gebracht. Die Absoluta Gottes lassen keine andere Möglichkeit zu. Die Bibel nennt diesen Diabolos den Gott der Welt[9].

Der Gott dieser Welt oder dieses Zeitalters, wie es wörtlich heißt. Der Erfinder aller Religionen und Gründer der meisten sogenannten Kirchen. Seine Dimensionen sind unsere wahre Natur, wie uns der Herr Jesus wenig schmeichelhaft mitteilt[10]. Folglich behagen uns so sehr die Relativismen, deklarieren wir die Absoluta so bereitwillig als Schwarzweißmalerei. Dem ewigen Bezugspunkt entglitten, ist das Vergängliche, das Relative zur Norm, zum Götzen, zum Gott geworden. Deswegen stellen wir auch so eine erstaunliche Einheit fest, man hat „schließlich denselben Initiator“[11], wie die sich ständig erweiternde Ökumene augenscheinlich demonstriert.

Darum erfreut uns so sehr der goldene Mittelweg, pflastern wir ihn fröhlich und immer unbiblischer mit ökumenischen Verheißungen, ergötzt uns das sogenannte Gute im Menschen. Deswegen sind wir so krankhaft religiös veranlagt, und befriedigen uns so sehr die Bilder und das Zeremoniell, halten wir unerschütterlich fest an der Tradition. Wie sagt doch Gottes Wort? „Sie halten so fest am falschen Gottesdienst, daß sie nicht umkehren wollen" (Jer. 8, 5).

Mit dem Gott der Welt als obersten Moralapostel und seinen Missionaren und Gesandten als Prediger der Gerechtigkeit[12], erquickt es unser selbstgerechtes Gemüt, uns ja eifrig zu bemühen. Wir erhalten die schönsten moralischen Aufforderungen, nur das Kreuz und den Erlöser wird man uns nicht predigen, die allein Rettung bedeuten.

Der ganze Aufwand dieser Religionen ist gewöhnlich zutiefst seelisch. Es gibt sehr viel für das Auge und das Ohr zu bewundern und behagt dadurch dem natürlichen Menschen ganz besonders. Im allgemeinen ist es auch die mehr seelisch veranlagte Frau, die sich dann weinend und händeringend an die Götzen und Bilder klammert[13], so man diesen ganzen Unsinn in Frage stellt. „Denn die Leiter dieses Volkes sind Verführer, und die sich leiten lassen, sind verloren" (Jes. 9, 15). Und Gott muß es wirklich wissen. Blinde Blindenleiter nannte sie der Herr Jesus[14].

Man hat Gefallen an Fast- und Bußübungen und meint im seelischen Hochgefühl die Fülle des Heiligen Geistes zu spüren. „Die Propheten weissagen Lüge, und die Priester herrschen auf eigene Faust, und mein Volk hat's gerne so" (Jer. 5, 31). Es ist so seelisch und einleuchtend. Es gefällt uns einfach und entspricht völlig unserer ungekreuzigten Natur. Doch wie sagt der nächste Satz? „Aber was werdet ihr tun, wenn's damit ein Ende hat?" Die Formulierung ist beachtenswert. Es wird ein Ende haben, weil ein Geschöpf dahinter steht.

Im Gegensatz dazu aber heißt es: „Wer aber den Willen Gottes tut, der bleibt in Ewigkeit" (1. Joh. 2, 17). Wieder werden uns in wunderbarer Folgerichtigkeit die logischen Absoluta gezeigt. Wollen wir Gott gehorchen? Oder gilt für uns: „Daraus wird nichts! Wir wollen nach unseren Gedanken wandeln, und ein jeder soll tun nach seinem verstockten und bösen Herzen" (Jer. 18, 12)? Die Wahl liegt bei uns[15].

Im Lichte dieser Ewigkeitsbetrachtung erkennt man, daß der Unterschied zwischen Religion und Sekte offensichtlich nur in der Zahl ihrer Anhänger zu finden ist.

Der Apostel Paulus schrieb von sich und seinen Gefährten: „... als die Traurigen, aber allezeit fröhlich; als die Armen, aber die doch viele reich machen; als die nichts haben, und doch alles haben" (2. Kor. 6, 10). Weil dieser Apostel sich an nichts Sichtbares mehr klammerte, alles los ließ, hatte er die ganze unsichtbare Fülle Jesu Christi, alles in ihm. Er war arm an vergänglichen Gütern, aber er bereicherte viele mit unsichtbaren Schätzen. Von vielen „christlichen" Vereinen und Kirchen könnte man heute sagen[16]: „Die wir reich sind und viele arm machen."

Kapitel XIII

Die Erkenntnis Jesu Christi

Ein persönliches Zeugnis

In relativ jungen Jahren hörte ich auf, an Gott zu glauben. Die Pubertätszeit mit ihren Krisen hob an, und man wollte in irgendeiner Form auffallen. Um nur das wiederzukauen, was die ältere Generation einem auf religiösem Gebiet vorsetzte, dazu kam ich mir doch zu klug vor. Durch das Lesen vieler Bücher zimmerte ich mir mein eigenes Weltbild zusammen. Mein Gott hieß damals Wissenschaft, und es war meine Überzeugung, daß Glaube an Gott etwas für alte Leute oder kleine Kinder ist, bzw. für Menschen, die verstandesmäßig zurückgeblieben sind.

Als ich einmal über ein Thema intensiver nachdachte, dämmerte mir, daß meine Ablehnung des Glaubens eigentlich intellektueller Überheblichkeit entsprang. Mein „hoher" Verstand bestimmte, was sein durfte und was nicht. Und da ich mir Gott nun überhaupt nicht vorstellen konnte, durfte es ihn folglich auch nicht geben. Ich erahnte, daß dies keine logische Basis darstellte. Ich war einmal nüchtern genug zuzugeben, daß, so nur das existieren dürfe, was ich begreifen kann, herzlich wenig bis gar nichts übrigbleibt. So gestattete ich in einem gewissen Sinne, ich war damals zwischen 18 und 19 Jahre alt, Gott wieder zu existieren. Von einer persönlichen Verbindung mit ihm konnte natürlich nicht die Rede sein.

Als ich einmal sehr deprimiert war, ich war ca. 20 Jahre alt, betete ich zu einem Gott, den ich nicht kannte. Ich hatte zuvor vergeblich versucht, mich mit Musik und Kino abzulenken. Die Antwort Gottes kam eigentlich sofort. Ich hatte kaum eine Minute gebetet, als diese Depression bereits gewichen war und Friede mein Herz erfüllte. Ich stand auf, verließ mein Zimmer und habe praktisch nicht mehr nach Gott gefragt. Ich glaube nicht, inkonsequent zu sein, doch ich habe diese Antwort Gottes einfach vergessen. Die Bibel sagt: „Rufe mich an in der Not, so will ich dich erretten, und du sollst mich preisen" (Ps. 50, 15). Der Herr half mir tatsächlich, aber leider habe ich es unterlassen, ihm dafür zu danken.

Obwohl ich die Existenz Gottes zwar nicht mehr bestritt, war ich in meiner intellektuellen Struktur nach wie vor atheistisch geprägt. Innerlich war ich noch immer davon überzeugt, daß der Glaube an Gott einem intellektuellen Selbstmord gleichkommt. Ein blinder Glaube sagte mir als Student wirklich nicht zu. Doch Gott hat Mittel und Wege, auch Zweifler zu treffen. Ich tendierte zum Antisemitismus. Ich spöttelte über die Juden, und sie waren für mich so eine Art Sprichwort. Mehr zufällig als gewollt schlug ich einmal die Bibel auf, und da stand von den Juden, ca. 500 Jahre v. Chr. geschrieben: „Ich will sie zum Bild des Entsetzens, ja des Unglücks machen für alle Königreiche auf Erden, zum Spott und zum *Sprichwort*, zum Hohn und zum Fluch an allen Orten, wohin ich sie verstoßen werde" (Jer. 24, 9). Der Ausspruch „Sprichwort" überraschte mich völlig. „Also, es stimmt doch, was die Bibel sagt", durchfuhr es mich. Kann dies Zufall sein? Ich wurde sehr stille und nachdenklich.

Obwohl ich mir Prophetie nicht vorstellen konnte, bedeutete sie für mich den Beweis, daß es eine Intelligenz jenseits von uns Menschen geben muß. Sobald man mir echte Vorhersage nachweisen konnte, ich war bereit, an Gott zu glauben. Als ich etwas von der prophetischen Fülle der Bibel entdeckte, geriet ich immer mehr ins Staunen. Ich kam zu der Überzeugung, daß dieses Buch wahr ist, und ich gab Gott mein Ja, mein intellektuelles Ja. Ich begann nun ernst an Gott zu glauben.

Und ich meinte, echt Christ zu sein. Mit irdischen Maßstäben gemessen, hatte ich ein moralisches Leben. Ich begann christliche Literatur zu verteilen und bezeugte auch Jesus Christus. Ich bemühte mich, den christlichen Normen zu entsprechen. Als ich einmal ein Gebetserlebnis hatte, machte mir auch das Beten Freude. Damit meinte ich die letzte Hürde auf dem Wege zum christlichen Standard genommen zu haben. Ich war nun völlig überzeugt, mit Gott und den Menschen in Ordnung zu sein.

So überzeugt war ich davon, daß ich sogar vor mehreren Hundert jungen Menschen erzählte, wie ich Christ wurde. Da hörte ich eines Abends eine Botschaft. Der Verkündiger sprach über ganze Hingabe. Er forderte uns auf, doch konsequent zu sein und ganze Sache mit Jesus zu machen, den Schritt des völligen Vertrauens zu wagen. Er gab die Einladung, daß diejenigen von ihren Sitzen aufstehen sollten, die bereit waren, in die ganze Nachfolge zu treten.

Die Botschaft traf mich mehr und mehr. Als die Aufforderung zum Aufstehen gegeben wurde, wußte ich, daß auch ich gemeint war. Ich erkannte mich auf einmal als Sünder vor Gott, der sich vor Jesus und den Menschen eine schöne Maske aufgesetzt hatte. Gerade diese Maske wurde mir damals weggenommen. Ich stand da als verlorener Sünder. Niemand brauchte mir mehr zu sagen, was es heißt, verloren zu sein. Wenn man in die Gegenwart Gottes kommt, weiß man dies sehr bald.

Ich erkannte, daß Gott vollkommen gerecht ist, wenn er mich ewig verdammt. Ich erahnte etwas davon, wie Gott mich sieht. Es war mir, als würde meine Schuld zeitlich vor ihm aufgerollt. Hätte man mir nur eine Stunde vorher gesagt, daß ich ein Heuchler und in Wirklichkeit kein Christ, sondern ewig verloren bin, ich hätte wahrscheinlich gelacht. Oder vielleicht wäre ich auch verärgert gewesen, daß man mir „anständigem“ Menschen so etwas überhaupt sagen kann. Ich weiß es heute nicht.

Auf jeden Fall hätte ich mich fest an meine religiösen Krücken geklammert und meine fromme Aktivität als Beweis angeführt, warum dies einfach nicht stimmen kann. Innerlich wäre ich auch davon überzeugt gewesen, daß es so schlimm schon nicht sein kann, denn Gott sollte mit mir eigentlich zufrieden sein. Ich hatte nicht gestohlen, auch nicht geraucht und getrunken (wie stolz war ich darauf), galt als ehrlich, hatte eigentlich nur Freunde. Mein Leben schien wirklich in Ordnung.

Nun aber stand ich vor Gott und wußte, warum geschrieben steht: „Schrecklich ist's, in die Hände des lebendigen Gottes zu fallen“ (Hebr. 10, 31). Damals erkannte ich noch etwas. Ich hatte dies zwar geglaubt, aber es war offensichtlich nur ein Kopfglaube gewesen, der mein Leben im Prinzip nicht verändert hatte. Nämlich, daß Jesus für mich ganz persönlich gestorben ist. Meine Sünde hat ihn dort angenagelt, meine Rebellion hat er getragen, für meine Schuld ist er verblutet. Vor meinem inneren Auge sah ich etwas von der Qual und den Schmerzen, die ich meinem Erlöser bereitet hatte. Der Todeskampf am Kreuz wurde auf einmal blutige Realität. Und dies alles auch um meinetwillen. Jesus hat mich tatsächlich so geliebt. Er hat das für mich getan.

In meinem Herzen tobte ein Kampf. Ich liebte mein Leben. Ich hatte alles, was ich soweit wollte: Haus, Geld, Auto, Erfolg im Studium. Und hier war das Angebot der Liebe Gottes. Ich stand vor der wichtigsten Entscheidung meines Lebens. Im Lichte dieses Kreuzes war mir klar: Jesus will mich ganz oder gar nicht. Er will nicht mein Lippenbekenntnis, dies hatte er bereits, er will mein Herz. Die Wahl lag bei mir. Es war mir, als wäre ich auf meinem Sessel festgeklebt. Ich hatte Angst vor dieser Übergabe an Jesus. Irgendeine Stimme sagte mir, daß das Leben dann schrecklich langweilig, schwierig sowie freudlos werde.

Und auf einmal war da auch die Erkenntnis: Nein, wenn mich jemand so liebt, daß er für mich gestorben ist, dann kann er mit mir nichts Schlechtes oder Negatives vorhaben. Ganz zum Schluß stand ich auf. Meine Welt brach zusammen. Innerlich zerschlagen ging ich aus der Versammlung. Mein Herz war zersägt von der erschütternden Erkenntnis, die ich zutiefst empfand und mich völlig aufwühlte: Ist es möglich? So sehr hat er mich geliebt, und es hat mir nicht mehr bedeutet als ein frommes Lippenbekenntnis.

Ich wollte nur noch allein sein. Ich schrie zu Gott und schüttete mein Herz vor ihm aus. Damals kapitulierte ich echt vor Jesus Christus und wurde wiedergeboren.

Von diesem Tag an wußte ich auch, daß die Bibel das volle Wort Gottes ist. Zuvor hatte ich der Heiligen Schrift zwar auch „geglaubt“, doch mit Vorbehalten. Als gebildeter Student konnte man doch nicht alles so wörtlich nehmen, schon gar nicht die Geschichte von Adam und Eva. Ich hatte gegenüber gewissen Abschnitten der Bibel meine intellektuellen Einwände und meldete meine „hochwissenschaftlichen“ Bedenken an. Nun aber wußte ich, daß dies Gottes Wort vom Anfang bis zum Ende ist, und zwar wörtlich. Mein Verstand sträubte sich zu Beginn noch dagegen, doch ein inneres Empfinden bezeugte mir die Wahrheit der Schrift.

Meine Ideen und Interessen wurden völlig verändert, und es war mir, als würde ich von innen heraus umgestaltet. Was war geschehen? Gott hatte mein Herz gesehen, und Jesus war tatsächlich in mein Leben gekommen. Ich habe diesen Schritt wirklich nicht bereut, denn seit dieser Zeit begann das Abenteuer des Wandels mit dem wahren Gott. Es ist unglaublich, wie dieser Gott lebendig und real ist, wie reich er beschenkt. Jesus ist ein wunderbarer Herr.

Die Herrlichkeit Christi

Gott sucht heute nach Menschen, die den Mut zur Wahrheit haben. Wir dürfen ihm alles sagen, und wenn wir mit diesem herrlichen Gott ehrlich sind, haben wir ihn auf unserer Seite. Sehen wir es jetzt nicht als Ausdruck seiner Strenge, sondern als Sehnsucht der unendlichen Liebe Gottes, die nun einmal das persönliche Gegenüber ganz erfassen möchte, wenn Jesus sagt: „Wer Vater oder Mutter mehr liebt als mich, der ist mein nicht wert, und wer Sohn oder Tochter mehr liebt als mich, der ist mein nicht wert" (Matth. 10, 37).

Halbe Sache lohnt sich bei Jesus wirklich nicht. Als Schreiber dieses Buches möchte ich bekennen, daß ich nur dann den größten Frieden erleben durfte, wenn ich von ganzem Herzen dem Herrn nachfolgte. Ich bin davon zutiefst überzeugt, daß die Menschen sich nur deswegen von Jesus abwenden oder zögern, ihm alles auszuliefern, weil sie ihn nie persönlich kennengelernt haben, weil sie deshalb nicht wissen, wie herrlich er ist. Dieser Gott kann erfahren und erlebt werden. Das ist das Zeugnis des Neuen Testaments und aller echten Christen.

Gott ist von allen Wesen das gewinnenswerteste und wunderbarste. Er hat Jesus für uns bluten lassen, damit er uns in seiner Heiligkeit jederzeit vergeben und uns ständig mit seiner Liebe überschütten kann. Überrascht es uns dann noch, wenn geschrieben steht, daß die Liebe Christi alle Erkenntnis übertrifft[1]?

Ich muß selbst bekennen, daß jedesmal, wenn ich in der Gegenwart dieses herrlichen Gottes war, ich meinen Bund sofort mit ihm erneuerte, mein Herz nur den einen Wunsch hatte: Mehr mit diesem wunderbaren Herrn zu erfahren. Ich konnte dann immer nur bedauern, wo ich nicht gehorsam gewesen und töricht genug war, eigene Wege festzuhalten. Im Anblick seiner Herrlichkeit und Liebe war alles Widerstreben so sinnlos. Welch eine Torheit, einem solchen Gott etwas vorzuenthalten. Christus ist tausendmal mehr als alles, was wir uns vorstellen können. Dies ganze Universum kann seine Herrlichkeit nicht fassen. Er ist unendlich schön.

Jeder Mensch hungert nach einer Person, die ihn liebt.

Dies werden sogar die Psychologen bestätigen. Genau das schenkt uns Gott: Eine Person, die uns liebt, die uns unendlich liebt. Wir alle sehnen uns nach dieser unendlichen Liebe, und nur einer kann sie geben: Jesus Christus, der Herr der Herrlichkeit. Als Ausdruck jener Sehnsucht findet unser Herz nur in diesem *„Ich bin"* den tiefsten Frieden, die letzten Bezüge, die letzten Antworten. Wenn wir Jesus ganz ergreifen[2], haben wir echte Geborgenheit und erhalten wir eine Fülle, die Worte kaum andeuten können, auch wenn es so wunderbare Sätze sind wie: „Wir werden verklärt in sein Bild von einer Herrlichkeit zur anderen von dem Herrn, der der Geist ist" (2. Kor. 3, 18).

Wollen wir zu ihm ganz Ja sagen? Dann haben wir den ewigen Gott zum persönlichen Freund[3], ja, er nennt uns dann sogar Brüder[4]. Wir dürfen dann erahnen, warum von dem unausforschlichen Reichtum Jesu Christi die Rede ist[5]. Ein Reichtum, den auch eine Ewigkeit nicht ausloten kann.

Dieser Gott wird nur persönlich erlebt. Seine Grenzenlosigkeit kann unsere Sprache nur schwach zum Ausdruck bringen. Wer ihm begegnet, ist nie mehr derselbe. Wer seine Vergebung und Gnade erfahren hat, der beginnt die Worte des Apostel Paulus zu begreifen: „Aber was mir Gewinn war, das habe ich um Christi willen für Schaden geachtet. Ja, ich achte es noch alles für Schaden gegen die überschwengliche Größe der Erkenntnis Christi Jesu, meines Herrn" (Phil. 3, 7. 8).

„Ich will ... daß sie meine Herrlichkeit sehen." Jesus hatte nicht zu viel versprochen. Paulus kannte seine Herrlichkeit. Gibt es ein größeres Angebot? Glauben wir das wirklich? Für Jesus sind wir geschaffen[6], und an ihm erkennen wir, wieviel ein Mensch Gott bedeutet. Dies ganze sichtbare Universum kann den Wert einer Seele nicht aufwiegen, und ein Herz, das ihn liebt, ist ihm wichtiger als alle Milchstraßen[7].

Er macht uns herrlich, nicht weil in uns irgend etwas Gutes wäre, sondern weil er so wunderbar ist, und durch das Einssein mit ihm kann es nicht anders geschrieben stehen[8]. Er macht uns zu Königen und Priestern[9], und da die Unendlichkeit, dividiert durch irgendeine Zahl, wieder unendlich ergibt, erhalten wir nicht „Teile" von Gott, sondern seine Fülle[10].

Gibt es eine gewaltigere, persönlichere Herausforderung für den ganzen Menschen? Gibt es für dieses Leben ein größeres Abenteuer, eine wunderbarere Berufung? Verstehen wir, warum Paulus für die Gläubigen betet, sie mögen doch diesen Reichtum an Herrlichkeit erschauen[11]? Wenn wir den ganzen Schritt zu Jesus wagen, erkennen wir, daß Gott nicht am Kreuz hängengeblieben ist, sondern danach das Leben aus der Auferstehungskraft Christi[12] beginnt. Und dies Leben ist das einzige, das wert ist, gelebt zu werden.

Ist es töricht, sein Leben dem Schöpfer ganz anzuvertrauen, in die Ewigkeit anstatt in die Vergänglichkeit zu investieren? Paulus wußte, was er in diesem Leben mit Jesus versäumt, das hat er in alle Ewigkeit versäumt, und was er in diesem Leben mit Jesus gewinnt, das hat er in alle Ewigkeit gewonnen[13]. War der Apostel ein Tor, wenn er schrieb: „Christus ist mein Leben, und Sterben ist mein Gewinn" (Phil. 1, 21)? Wie vielen Geschöpfen sind die Menschen doch nachgefolgt. Ist es töricht, dem Herrn des Universums sich auszuliefern? Auf einem Felsen zu bauen, anstatt auf Sand? Die Bibel bezeichnet solch einen Menschen als klug[14]. Wie hieß es doch im Tagebuch Jim Elliots? „Der ist kein Narr, der hingibt, was er nicht behalten kann, um damit zu gewinnen, was er nicht verlieren kann."

Einer der größten Denker der Geschichte, Blaise Pascal, sagte[15]: „Es gibt nur zwei Arten von Menschen, die man vernünftig nennen kann: diejenigen, die Gott von ganzem Herzen dienen, weil sie ihn kennen, und diejenigen, die Gott von ganzem Herzen suchen, weil sie ihn nicht kennen." Wie wahr ist doch dieses Wort, und wie wenig vernünftig in diesem Sinne sind wir doch. Offenbaren denn diese Absoluta nicht auch eine unerhörte intellektuelle Herausforderung? Erahnen wir, warum Paulus schrieb: „Denn ich schäme mich des Evangeliums von Jesus Christus nicht; denn es ist eine Kraft Gottes, die da rettet alle, die daran glauben" (Röm. 1, 16)? Begreifen wir, im Lichte dieser ewigen Forderungen und Eigenschaften Gottes, warum der Apostel sich sogar des Kreuzes rühmt[16]? Wer möchte das Boot der bequemen, satten und religiösen Selbstzufriedenheit verlassen und mit dem lebendigen Gott das wahre Leben erfahren[17]? „Wenn ihr solches wisset, selig seid ihr, wenn ihr's tut" (Joh. 13, 17), sagt der Herr Jesus.

Wie schrieb doch ein Dichter? „Für einen ewgen Kranz, dies arme Leben ganz." „Ich will ... daß sie meine Herrlichkeit sehen." Wer möchte dieses größte Angebot aller Zeiten in seiner ganzen Tragweite erfassen? Wer möchte echt logisch, konsequent und ehrlich, ja, im eigentlichsten Sinne vernünftig sein?

Anhang

Anmerkungen und Quellenverzeichnis

Kapitel I

1 O. Höfling, Lehrbuch der Physik, Oberstufe, Ausgabe A, Dümmlers Verlag, 1959, p. 767—768.
2 W. Heisenberg, Physik und Philosophie.
3 A. Koestler, The Roots of Coincidence, Hutchinson of London, 1972, p. 51.
4 Paul Müller, Schöpfung und Wunder — Zufall oder Gottes Werk? Verlag Ernst Franz, Metzingen, Württ. 1969, p. 39.
5 P. Jordan, zitiert nach O. Höfling, a. a. O., p. 164.
6 O. Höfling, a. a. O., p. 760.
7 W. Heisenberg, übersetzt vom Verfasser und zitiert nach A. Koestler, a. a. O., p. 53.
8 A. Koestler, a. a. O., p. 53.
9 Lukas 13, 3. 5.
10 H. Reichenbach, The Doctrine of Time, California and Cambridge, 1956, übersetzt vom Verfasser und zitiert nach A. Koestler, a. a. O.
11 R. Lucas, Beweisbarer Aberglaube, Die Zeit Nr. 20, p. 59.
12 A. S. Eddington, zitiert nach E. Frankenberger, Gottbekenntnisse großer Naturforscher, Johannes-Verlag, 1970, p. 19.
13 Sir J. Jeans, The Mysterious Universe, Cambridge, 1937, übersetzt vom Verfasser und zitiert nach A. Koestler, a. a. O.

Kapitel II

1 Hebräer 11, 3; Kolosser 1, 16; Johannes 1, 3.
2 Hebräer 1, 3.
3 Carl Friedrich von Weizsäcker, Die Wissenschaft als ethisches Problem, Physikalische Blätter 10/1968, zitiert nach Paul Müller, Schöpfung und Wunder — Zufall oder Gottes Werk? Verlag Ernst Franz, Metzingen, Württ. 1969, p. 44.
4 Jesaja 53, 6.
5 Sir J. Jaens, The Mysterious Universe, New York, 1930, zitiert nach A. E. Wilder-Smith, Herkunft und Zukunft des Menschen, Hänssler-Verlag, Neuhausen-Stuttgart, 1972, p. 63—64.
6 Johannes 14, 6.
7 2. Korinther 5, 10; Römer 14, 12.
8 1. Korinther 1, 30.
9 Johannes 8, 12.
10 Hebräer 13, 8.

Kapitel III

1 Jeremia 10, 2—5.
2 2. Mose 20, 4—6.
3 Matthäus 26, 67.
4 K. F. d'Occhieppo, Der Stern der Weisen, Geschichte oder Legende? Herold, Wien.
5 P. Stoner, Science speaks, Chicago: Moody Press, 1963.
6 R. Pache, Inspiration und Autorität der Bibel, Brockhaus Verlag, Wuppertal, 1968, p. 275.
7 Jesaja 53, 1—10.
8 Jesaja 53, 10—12.
9 Jesaja 49, 7.
10 Jesaja 52, 15.
11 Psalm 22, 1—19.
12 Psalm 110, 1. 2.
13 Jesaja 7, 14.
14 Psalm 2, 7.
15 Jesaja 9, 5.
16 Jesaja 40, 1—3.
17 Sacharja 9, 9.
18 Jesaja 50, 6; 52, 13.
19 Matthäus 23, 13—15 und 31.
20 1. Thessalonicher 5, 2; 2. Petrus 3, 10.
21 Offenbarung 4, 1. 2.
22 Matthäus 6, 31—34.
23 2. Korinther 1, 8. 9 und 7, 5.
24 2. Timotheus 1, 10; Hebräer 2, 14. 15.
25 1. Johannes 4, 18; Jesaja 48, 18.
26 Sprüche 8, 34. 35; Psalm 27, 8.
27 Psalm 1, 1.

Kapitel IV

1 1. Korinther 12, 13—27.
2 Epheser 3, 10.
3 Habakuk 1, 13.
4 Jakobus 2, 10.
5 Philipper 3, 6.
6 Hiob 42, 5. 6; Jesaja 6, 5.
7 Epheser 5, 8.
8 Hebräer 6, 2.
9 Matthäus 12, 31. 32.

Kapitel V

1 D. Rhoton, Was ist der Mensch wert?, Operation Mobilisation, Wien, p. 28.
2 1. Petrus 2, 22.
3 Galater 3, 10; Johannes 1, 17.
4 1. Johannes 1, 9; Matthäus 6, 12; Lukas 5, 21.

5 Epheser 4, 18.
6 Römer 5, 9.
7 Johannes 17, 24.
8 1. Johannes 5, 20.
9 Hebräer 10, 19. 20.
10 Kolosser 2, 13.
11 Matthäus 27, 52.
12 Lukas 16, 26.
13 Kolosser 2, 15.
14 Johannes 10, 10 und 11, 25.
15 Hebräer 7, 16.
16 Kolosser 1, 13; Apostelgeschichte 26, 18.
17 1. Johannes 3, 14; 2. Korinther 5, 1.
18 Jesaja 9, 5.
19 Hebräer 7, 26.
20 1. Korinther 1, 24. 25.
21 Römer 4, 25.
22 1. Timotheus 3, 6.
23 Psalm 32, 1; 85, 3.
24 Lukas 24, 27.
25 Jesaja 53, 7; Johannes 1, 29.
26 Johannes 8, 59.
27 Hebräer 12, 23.
28 Römer 3, 25. 26.
29 Römer 11, 33; Psalm 119, 18.
30 Sir J. Jeans, a. a. O., zitiert nach E. A. Wilder-Smith, Herkunft und Zukunft des Menschen, Hänssler-Verlag, Neuhausen-Stuttgart, 1972, p. 63.

Kapitel VI

1 R. Pache, Inspiration und Autorität der Bibel, Brockhaus Verlag, Wuppertal, 1968, p. 273.
2 1. Timotheus 6, 12.
3 Römer 6, 23.
4 Römer 8, 32.
5 Philipper 4, 7.
6 Jesaja 44, 22.
7 Lukas 23, 43.
8 1. Johannes 1, 3. 6.
9 1. Korinther 3, 16. 17; Römer 1, 7.
10 Epheser 2, 6.
11 1. Korinther 6, 19. 20.
12 1. Korinther 1, 9.
13 Offenbarung 1, 6; 5, 10.
14 Johannes 16, 8. 9.
15 2. Timotheus 4, 2. 3.
16 Matthäus 7, 13. 14.
17 A. W. Tozer, Gems from Tozer, Send the Light Trust, 1969, Umschlagseite, zusammengefaßt und übersetzt vom Verfasser.
18 Hebräer 7, 28.

Kapitel VII

1 Römer 8, 32.
2 Hebräer 11, 1.
3 1. Korinther 15, 31.
4 1. Korinther 13, 7. 8.
5 Johannes 3, 21.
6 5. Mose 7, 7. 8.
7 Hebräer 13, 5.
8 1. Korinther 13, 8.
9 Apostelgeschichte 16, 30. 31.
10 Johannes 14, 23; Kolosser 1, 27.
11 Hebräer 11, 27.
12 Lukas 9, 23; Galater 3, 3.
13 Offenbarung 22, 17.
14 1. Korinther 13, 13.
15 Römer 8, 3.
16 Johannes 6, 44.
17 Epheser 2, 6.
18 Römer 6, 6—8.
19 Johannes 3, 3.
20 Lukas 14, 26.
21 Johannes 3, 5.

Kapitel VIII

1 R. Pache, Inspiration und Autorität der Bibel, Brockhaus Verlag, Wuppertal, 1968, p. 271—272.
2 Matthäus 23, 23.
3 Apostelgeschichte 26, 18.
4 Jeremia 33, 22.
5 Johannes 4, 24; 6, 63.
6 Matthäus 3, 3.
7 1. Korinther 10, 4; Epheser 2, 20.
8 1. Petrus 2, 7—9.
9 1. Korinther 3, 11.
10 Johannes 1, 14.
11 Offenbarung 22, 18. 19.
12 Markus 7, 13.
13 1. Korinther 1, 21 a; 2, 12—14.
14 Epheser 4, 18.
15 Jesaja 25, 7; Johannes 9, 39.
16 Johannes 6, 63; 2. Korinther 5, 7.
17 2. Korinther 3, 16.
18 Hosea 4, 11.
19 Philipper 3, 12.

Kapitel IX

1 Psalm 62, 9.
2 Matthäus 15, 8.

3 Sprüche 28, 13.
4 Offenbarung 12, 9; 1. Timotheus 4, 1—3.
5 Amos 5, 21—23.
6 2. Thessalonicher 2, 11. 12.

Kapitel X

1 R. Pache, Inspiration und Autorität der Bibel, Brockhaus Verlag, Wuppertal, 1968, p. 274.
2 Psalm 50, 15.
3 Lukas 19, 41; Matthäus 23, 37.
4 1. Korinther 15, 10.
5 Kolosser 1, 22.

Kapitel XI

1 Matthäus 7, 13. 14.
2 Apostelgeschichte 26, 18.
3 Epheser 2, 1. 2.
4 2. Timotheus 3, 5.
5 1. Korinther 1, 18. 24.
6 Kolosser 3, 3.
7 Psalm 51, 18.
8 Johannes 6, 29.
9 2. Korinther 5, 15.
10 Römer 6, 13; 2. Korinther 8, 5.
11 Johannes 12, 24—26.
12 5. Mose 22, 5. 9—11.
13 2. Korinther 6, 14—17.
14 Kolosser 2, 8.
15 Offenbarung 3, 16.
16 Kolosser 1, 20.
17 Jesaja 57, 15.
18 Epheser 2, 15.
19 1. Timotheus 5, 22.
20 1. Korinther 12, 13; Apostelgeschichte 11, 15 u. a.
21 2. Korinther 11, 4.
22 Lukas 20, 18

Kapitel XII

1 Jakobus 2, 24.
2 Römer 3, 28.
3 Jakobus 1, 26. 27.
4 Epheser 2, 10.
5 Kolosser 1, 16.
6 Hebräer 12, 27.
7 Zitiert nach R. Wolff, Der Menschensohn, Stimme des Evangeliums, Frankfurt, 1960, p. 8—9.
8 Lukas 4, 5. 6.

9 2. Korinther 4, 4.
10 Johannes 8, 44.
11 Lukas 4, 5. 6; Offenbarung 12, 9.
12 2. Korinther 11, 14. 15.
13 Jeremia 44, 25.
14 Matthäus 15, 14.
15 5. Mose 30, 19.
16 Offenbarung 3, 17.

Kapitel XIII

1 Epheser 3, 19.
2 1. Timotheus 6, 12.
3 Johannes 15, 15.
4 Hebräer 2, 11.
5 Epheser 3, 8.
6 Kolosser 1, 16.
7 1. Korinther 2, 9.
8 Römer 8, 30.
9 Offenbarung 1, 6.
10 Kolosser 2, 10.
11 Epheser 1, 18.
12 Philipper 3, 10.
13 Philpper 3, 12—14.
14 Matthäus 7, 24.
15 Zitiert nach W. Schäufele, Blaise Pascals Weg zur Glaubensgewißheit, Geschäftsmann und Christ, Gruppe Zürich IVCG, Nr. 11 November 1972, p. 21.
16 Galater 6, 14.
17 Josua 24, 15.

Lieferbare TELOS-Taschenbücher

108 Rolf Scheffbuch
Jesus nach denken
109 Karl Backfisch
Christus i. e. atheist. Welt
111 Otto Mosimann
Alles überwindende Liebe
114 Ernst Modersohn
Im Banne des Teufels
115 Stückelberger/Rossier
Was sagt u. Gott durch ...
116 Watchman Nee
Der Gebetsdienst
117 John R. W. Stott
Es kommt auch auf ...
118 Aimé Bonifas
Das Evangel. f. Spanien
122 G. C. Willis
Er aber war aussätzig
123 Fritz Hubmer
Die dreifache Freiheit ...
128 Wilder Smith
Ergriffen? Ergreife!
129 Udo Middelmann
Pro Existenz
130 L. A. T. Van Dooren
Realität der Auferstehung
132 Bruno Schwengeler
Verschob. Proportionen
135 Watchman Nee
Das Werk Gottes
138 Anton Schulte
Leben ist Freude
141 Hildegard Krug
Dein Weg wird hell
149 Arno Pagel
Ludwig Hofacker
150 Rohrbach
Anfechtung und ihre ...
152 Festo Kivengere
Wenn Gott handelt
153 Traugott Thoma
Gottlieb Weiland ...
157 Müller
Mission–Gemeindearbeit ...
158 Armin Mauerhofer
Die vollkomm. Erlösung
159 Hugh Steven
Manuel
162 J. Oswald Sanders
Machtvoller Glaube
163 Richard Kriese
Dein Leid ist nicht sinnlos
164 Schäfer, D.
Vom segnenden Leid
167 Elli Kühne
Gott ruft Menschen
169 Karl Kalmbach
Ein Urwalddorf
170 Michael Griffiths
Alles oder nichts
171 Thomas Bearth
Glaube u. Rationalismus
175 Paul Senf
Handaufleg. u. Heilung
176 Wolfgang Dyck
Vom Knast zur Kanzel
177 Bruno Neumann
Die Zahl 666
178 Elisabeth Schopff
Er ist's, der dir Kräfte gibt
179 Theodor Frank
Wunderbare Führung Gottes
181 Ernst Decker
Die verborgene Hand
185 Heinrich Giesen
Sei fünf Minuten still
187 Rudolph u. Julie Buss
Zwanzig Jahre in China
188 John Stott
Die Autorität der Bibel
189 Alfred Gajan
Und einer geht mit mir
190 A. E. Wilder Smith
D. Erschaffung d. Lebens
191 Eva v. Tiele-Winckler
Kleine Strahlen von der Lebenssonne
193 Oswald Smith
Glühende Retterliebe
194 Kornelia Herrmann
... und Schranken ...
195 Ernst Trachsel-Pauli
Geistliche Musik
197 Anny Wienbruch
Die Tat einer Mutter
199 Hildegard Krug
Mit Jesus durchs Leben
201 Wilhelm Steinhilber
Der feuerspeiende Berg
202 Horst Zentgraf
Du bist angenommen
203 Alfred Bosshardt
Seine Hand führte mich
205 L. A. T. Van Dooren
Lebendige Menschen ...
206 Erich Schnepel
Jesus im Römerreich
209 Eleonore Lilke
... den Inseln die Frohe Botschaft
210 James Rathlef
Ein Mann mit nur einem Gedanken
213 Paul Walter Schäfer
Schritte zum Kreuz
215 Otto Krause
Unter Muschiken ...
217 Siegfried Schlieter
Absprung ins Morgengrauen
218 Gordon Bridger
Ein Tag, der die Welt veränderte
219 Michael Green
Die Freiheit wählen
220 Horst Zentgraf
So kann es anders werden
222 Erich Schnepel
Jesus im frühen Mittelalter
225 Herta-M. Dannenberg
Einer lindert deine Not
227 Wilhelm Busch
Mit Gott auf Du
228 Mary Brite
Hoch über dem Tal
229 Edna Moore-Schulz
Kathy
230 Eva. v. Tiele-Winckler
Briefe zum Lobe Gottes
231 Alfred Zeller
Samuel Zeller
232 Joshua Daniel
John Wesley ...
233 Jörg Erb
Der Schulmeister und sein Sohn
234 Roby Maharaj
Der Tod eines Guru
235 E. Petersen
Gemeinde – eine Einrichtung des Himmels
240 Daniel Schäfer
Auf dem Friedhof ...
241 Thyra Ferré Bjorn
Der Ruf des Lebens
242 Eugenia Price
Mut zum Nachdenken
243 Hildegard Krug
Stark sein durch Hoffen
246 Bakht Singh
Das Geheimnis einer erlebten Erweckung
248 L. A. T. Van Dooren
Das Leben, das ich jetzt lebe
249 Renate K. Luther
Goldene Kindertage
253 Adolf Kühn
Der andere Weg
255 Stuart Harverson
Als Arzt im Orient
256 Hildegard Bleick
Heiliger Widerstand
257 M. R. De Haan
Sinnvolles Leid
258 Albert Jansen
Marx oder Jesus?
259 C. R. Marsh
Unmöglich für Gott
260 Don Richardson
Friedens-Kind
261 Johann Fischer
Heil und Heilung
262 Claire-Lise de Benoit
Schritt für Schritt mit Jesus
265 Willi Buchwald
Als Evangelist unterwegs
266 Martin Goldsmith
Was stehst du einfach da ...?
267 Oswald Sanders
Wie gewinne ich Menschen für Christus
270 A. E. Stückelberger
Mutiges Älterwerden
271 Marie Jürgenmeier
Vom Altern, Reifen und Sterben
273 Siegfried Kettling
»und er sagte ja«
275 John White
Der Preis der Nachfolge

Lieferbare TELOS-Taschenbücher

276 John Blanchard
Was ist eigentlich ein Christ?
277 Elsbeth Walch
Ausgerechnet zum Weihnachtsfest
278 Herta-Maria Dannenberg
Er riß mich aus der Tiefe
280 Werner Schilling
Heiliges Abendmahl oder Feierabendmahl
281 Fritz Schmidt-König
Es wird nicht . . .
282 John Wesley White
Born Again
283 Jakob Hitz
Kennzeichen echter und unechter Geistesgaben
284 Helmut Haffner
Komet in Schwedens Nacht
285 John Benton
Weggelaufen
286 Emil Ernst Ronner
Krone des Lebens
287 Horst Zentgraf
Einer versteht dich
288 Johann Fischer
Haltlos – hilflos – heillos
289 Marie Hüsing
Tropfen aus dem Strom
291 Th. F. Heinze
Schöpfung contra Evolution
292 Dick Eastman
Geistliche Energie – Ja bitte!
293 Eva-Johanna Hajak
Geborgene Zuversicht
294 Gary E. Parker
Wissenschaftl. Umdenken
295 Immanuel Stücker
Atomkraft – und dann noch leben
296 Immanuel Stücker
Der Mensch – Ursprung, Fall und Vollendung
297 Schulte/Müller
Gott mag dich
299 Daniel Schäfer
Der Höhenweg der Liebe
300 Ney Bailey
Glaube ist kein Gefühl
302 Lotte Bormuth
Ich staune über Gottes Führung
303 Adolf Wunderlich
»Ich komme aus dem Siegerland«
304 Jörg Erb
Martin Luther
305 Samuel Zeller
Trost unter dem Wort
308 Gerhard Nehls
Christen antworten Moslems
310 Oskar Frei
Dem größten König eigen
311 Margarethe Schneider
Der Prediger v. Buchenwald
312 Ralf Shallis
Kurswechsel – Das Leben beginnt
313 Ernst Decker
Die Antwort von drüben
314 Hermann Gschwandtner
Die Welt verändern
316 De Haan-Bosch
Brot zum Leben
318 Gien Karssen
Frau, Mensch und Mutter in der Bibel
319 Thomas Busch
Religionen, Kirchen, Weltanschauungen
320 Ayako Miura
Shiokari-Paß
321 Horst Zentgraf
Du bist nicht allein
322 Alfred Günther
Treppauf, treppab im Krankenhaus
323 Ernst Modersohn
Dein eigen bis in den Tod
324 Hans Casal
Der Weg zum wahren Glück
325 Volkhard Scheunemann
Fremdes Feuer auf Gottes Altären
326 Lotte Bormuth
Gott kommt mir immer entgegen
327 Jerry Bridges
Lebensstil: Heiligung
328 Kurt Oskar Buchner
Luther flieht
329 Fritz Schmidt-König
Käthe Luther
330 Christa Linden
Das Salz der Erde
331 Bernd Schlottoff
Das Leben hat begonnen
332 John Withe
Ein Christ hat zwei Familien
333 Wolfgang Bühne
Die Fessel der Freien
334 Emil Ernst Ronner
Der Mann mit der Laterne
335 Vera Pierott
Anthroposophie
336 Ernst Modersohn
Die Frauen des NT
337 Ernst Modersohn
Die Frauen des AT
338 H.-M. Dannenberg
O Afrika . . .
340 Otwin D. Theiss
Plädoyer für die Bibel
341 Armin Gerber
Auf Treue warten Kronen
342 Margret Lehmann
Das schwarz-weiß Geblümte
343 John Withe
Die Sache mit der Führung
344 Ernst Decker
Die große Begegnung
345 Wolfgang Nestvogel
So viele Fragen
346 B. Veselic
Das geliehene Glück
347 Benedikt Peters
Zeichen und Wunder
348 Klaus Berger
Wie entstand das Leben
349 Hans Casal
Das Wesen Jesu
350 Friso Melzer
Geistersteine
351 A. E. Wilder-Smith
Der Mensch . . .
352 Marie Hüsing
In diesem Augenblick
353 Schulte/Müller
Gott sagt JA zu dir
354 Henry M. Morris
Evolution im Zwielicht
355 René Ch. Repond
Ich glaube an Jesus
356 René Ch. Repond
Ich glaube der . . .
357 Bill Bright
Überraschungen mit Gott
358 August Hermann Francke
Lebensregeln
359 Walter Martin
Screwtape schreibt wieder
360 Paul E. Billheimer
Für den Thron bestimmt
361 Helmut Köppe
Unter dem Zug in die . . .
362 André Morea
Das verbotene Buch
363 Martha Pampel
Das Freuen lernen
364 Immanuel Sücker
Das Ziel ansteuern
365 Siegfried Wild
Mutig in den Tag
367 M. R. DeHaan
Brot zum Leben Bd. 2
368 Walter Krause
Die geöffnete Pforte
369 Luther R.
Ziehende Wolken
370 Fritz Schmidt-König
Hermann Menge
372 Ernst Decker
Es ging ein Säemann aus
373 Hans Casal
Das Licht der Welt
375 Friedhelm Schrodt
Du brauchst dich nicht . . .
376 Johannes Fauser
Ehe der Hahn kräht
377 Francis A. Schaeffer
Helft den Christen im . . .
378 Ruedi Josuran
Im Sumpf des Spiritismus
380 H. Brandenburg
Kinderkrankheiten . . .
381 Ernst Vatter
Der unerledigte Auftrag
392 Isobel Kuhn
Am Ende der Welt mit Gott